儒教與現代思潮

[日]服部宇之吉◎著
鄭子雅◎譯

山西出版傳媒集團
山西人民出版社

圖書在版編目(CIP)數據

儒教與現代思潮 / [日] 服部宇之吉著；鄭子雅譯. —太原：山西人民出版社，2015.12(2024.2重印)
(近代海外漢學名著叢刊 / 鄭培凱主編)
ISBN 978-7-203-09139-4

Ⅰ. ①儒… Ⅱ. ①服… ②鄭… Ⅲ. ①儒家－研究 ②中國－現代 Ⅳ. ①B222.05

中國版本圖書館CIP數據核字(2015)第191347號

儒教與現代思潮

叢刊主編　鄭培凱
著　　者　[日]服部宇之吉
譯　　者　鄭子雅
責任編輯　崔人杰

出 版 者　山西出版傳媒集團・山西人民出版社
地　　址　太原市建設南路21號
郵　　編　030012
發行營銷　0351－4922220　4955996　4956039
　　　　　0351－4922127(傳真)
天猫官網　https://sxrmcbs.tmall.com　0351－4922159(電話)
E－mail　sxskcb@163.com　發行部
　　　　　sxskcb@126.com　總編室
網　　址　www.sxskcb.com

經 銷 者　山西出版傳媒集團・山西人民出版社
承 印 廠　山西出版傳媒集團・山西新華印業有限公司

開　　本　700mm×970mm　1/16
印　　張　5.75
字　　數　44千字
版　　次　2015年12月　第一版
印　　次　2024年2月　第二次印刷
書　　號　ISBN 978-7-203-09139-4
定　　價　29.00圓

近代海外漢學名著叢刊編委會名單

總主編　鄭培凱

編委會　傅　杰　霍　巍　戴　燕（按姓氏筆畫排序）

總策劃　越衆文化傳播·周　威

總監製　南兆旭

統　籌　徐　勝　顔海琴

出版工作委員會

主　任　李廣潔

副主任　姚　軍　石凌虚

委　員　梁晉華　張文穎　秦繼華　馮靈芝

張　潔　崔人杰　王新斐　郭向南

設計總監　李尚斌

設計製作　王秀玲　吴圳龍　何萬峰　歐陽樂天

出版説明

近代海外漢學名著叢刊選取一九四九年以後未再刊行之近代海外漢學作品，編例如次：

一、本叢書遴選之作品在相關學術領域具有一定的代表性，在學術研究方嚮、方法上獨具特色。

二、爲避免重新排印時出错，本叢書原本原貌影印出版。影印之底本皆經專家組審定，原書字體大小、排版格式均未做大的改變。

三、爲使叢書體例一致，本叢書前言後記均采用繁體字排版。

四、個別頁碼較少的版本，爲方便裝幀和閱讀，進行了合訂。

五、少數作品有個别破損之處，編者以不改變版本内容爲前提，部分進行修補，難以修復之處保留缺損原狀。

六、原版書中個别错訛之處，皆照原樣影印，未做修改。

由於叢書規模較大，不足之處，在所難免，殷切期待方家指正。

總序／温故而知新

晚清以來，西力東漸，西方文化思想的著作也大量譯成中文，最著名的如嚴復與林紓的譯著，影響了整個二十世紀中國的知識界與文學界，使得中國文化的思維脈絡爲之丕變。除了西方思想經典、文學與實證科學著作的翻譯，以實證方法系統化探討中國文史的域外漢學，也對中國學術思想界産生了莫大衝擊，改變了中國學術的著述方法與取嚮。

中國傳統的知識結構，是按經史子集四庫分類的，以儒家意識形態的經學爲文化知識的砥柱，以史學爲貫串歷史經驗的殷鑒，至於子部與集部，則是作爲保存文獻、擴大知識面的附帶知識，可以耽情冥想，可以悠遊玩賞，却都是邊緣化的知識，無關聖教的弘揚，無關文化精髓的宏旨。西方文藝復興之後的現代學術體系，在知識分類上，與中國傳統大相徑庭，講究系統分科，不同知識領域各有其客觀存在的價值，有其相對獨立的目的與標準。日本知識界在明治維新以來，鑒於東方文明落後於西方的船堅炮利，率先效法西方，在追求「文明開化」、「脱亞入歐」的過程中，爲日本學術發展循着現代西方的體例，建立了哲學、文學、歷史學、經濟學、法學、商學、物理學、化學、地質學、醫學、農學、工程學、植物學、動物學等等新型學科，企圖與西方學術齊頭並進，從而影響了中國近代學術體系的發展。

本叢刊選印二十世紀上半葉出版的漢學譯著近百册，分爲三大類：「歷史文化與社會經濟」、「古典文獻與語言文字」、「中外交通與邊疆史」，反映民國時期學術界重視西方及日本漢學研究的成果，藉助他山之石，重新審視中國傳統歷史文化的意義，特別是開拓了傳統學術忽略的領域。五四新文化運動以來，中國學者如蔡元培、胡適都提倡「整理國故」，以理性實證的方法，對中國文化傳統做出系統化的研究，是與這些漢學譯著相輔相成的。這些譯著除了介紹域外漢學的成果，還引進了嶄新的學術研究方法與視角，有助於梳理中國文化傳統的脈絡，重新整合知識結構與學術體系。雖然這些學術著作不是中國學者的成就，無法納入二十世紀中國文史學術的主脈，但是從中文譯本的影響而言，起碼也應當視爲中國近代學術發展的支脈或潛流，不容忽視。可惜的是，到了二十世紀下半葉，因爲兩岸政治形勢的變化，這些漢學譯著，除了部分因王雲五重新入主臺灣商務印書館，而得以在臺灣做了少量的重印，在大陸的出版界，則完全受到遺忘，甚至在許多新成立的大學圖書館中也不見踪影。我們搜集了近百冊塵封的漢學譯著，呈現給二十一世紀的中國學術界，一方面是爲了銘記前人爲推展學術而做出的努力，另一方面也是爲了提醒新常態時期的學人，學術發展有其歷史累積的脈絡，可以從中汲取歷史經驗，温故而知新。

說到「温故知新」與這批早期漢學譯著的關係，可以從兩個方面來思考，以見翻譯域外漢學如何反映了時代精神，爲融匯東西方學術思維，重新闡釋中國文化傳承，做出不可磨滅的貢獻。一是域外漢學的研究對象，以中國歷史文化典籍爲主，屬於中西文化碰撞期間興起的「國學」範疇，與五四新文化人物提倡的「整理國故」運動若合符節。研究中國歷史文化，並賦予新的學術意義，是清末民初知識精英念兹在兹的心結。歷史發展走到一個環節，時代的狂風揚起了批判傳統的大旗，風中的英雄幫着推波助瀾，却又無時或忘自己民族文化主體的未來，糾纏於「傳統」能否「現代」的困境。域外漢學的出現，以西方實證方法研究中國歷史文化傳統，綜合東西方各種語言文字材料，擴大了研究國學的眼界，即使無法打開中國文化傳統是否走到盡頭的心結，至少是提供了一個解惑的方嚮，在大霧彌漫的夜晚，看到了依稀渺茫的星光。

二是翻譯域外漢學，有一種以子之矛攻子之盾的吊詭作用，逐漸化解了中國文化思維中的自大心理與封閉心態，讓唯我獨尊的國粹基本教義派解除武裝到牙齒的盔甲，轉而吸收並接受西方實證研究的學風。民國期間新式教育制度的推行、學術體系的變化、大學學術專業的創建，具體到北京大學國學門的成立，中央研究院規劃歷史、語言、考古的研究領域，都與翻譯域外漢學背後的旨意是息息相關的。因此，重新閱覽這批民國期間的漢學譯著，對二十一世紀的現代學人來説，温故而知新，不但可以窺知民國學人追求新知的心理狀態，也會刺激吾人反思，認真思考學術研究方法與中國學術發展的前景，更進一步，探索文化傳統的重新闡釋與新知介入的關係。知識體系的變化當然與傳統的重新闡釋有關，是外爍的影響大呢，還是内因變化的成分居多？

論語·爲政記載孔子説：「温故而知新，可以爲師矣。」歷代解經，對這個「爲師」的道理，有兩種相近似但又取嚮不同的解釋。朱熹四書集注説：「故者，舊所聞。新者，今所得。言學能時習舊聞而每有新得，則所學在我而其應不窮，故可以爲人師。若夫記問之學，則無得於心而所知有限，故學記譏其不足以爲人師，正與此意互相發也。」雖然朱熹把知識分爲「舊所聞」與「新所得」，强調的却是「學而時習之」，從中生發新的心得，也就是從詮釋舊典中得到新知。這個説法與朱熹在鵝湖之會以後，作詩唱和，寫給陸九淵的詩句，「舊學商量加邃密，新知涵養轉深沉」，异曲同工，是一個意思，萬變不離其宗，舊學與新知是同一個脈絡的知識學理。

然而，有些朱熹之前的經學家，解釋「温故知新」，却有不同的取嚮。皇侃論語義疏就説：「故，謂所學已得之事也。所學已得者則温尋之不使忘失，此是月無忘其所能也。新，謂即時所學新得者也。知新，謂日知其所亡也。若學能日知所亡，月無忘所能，此乃可爲人師也。」皇侃明確説到，「故」指的是過去所學的知識，而「新」則指的是新近學到的知識，新舊結合，相互發明，就可以「爲人師」了。邢昺論語注疏循着皇侃的思路，也説：「言舊所學得者，温尋使不忘，是温故也。素所未知，學使知之，是知新也。既温尋故者，又知新者，則可以爲人師也。」這裏講的「素所未知」，就不衹是研讀舊學，有了新的體會，從過去的傳統中發展出的「新知」，而是從來没聽過、没想過的新學問了。這種「素所未知」的新學問，結合「舊所聞」，對習以爲常的知識框架，就會産生巨大的衝擊，而出現飛躍性的結構變化。知識内容或許大體沿襲傳統，知識結構却得以重新整合，出現嶄新的認知系統，重新審視自己文化傳統的意義，打開文化傳承的新局面。二十世紀上半葉的漢學譯作，就發揮了這樣的作用，促使中國學者放棄自我中心的文化態度，從各種不同側面，探知中國歷史文化的光譜，以域外（或是全球）的角度觀測中國傳統，摇動了文化的萬花筒，看到七彩繽紛的中國。

嚴復在甲午戰争之後，改良變法思想風起雲涌之時，開始大量翻譯西方思想經典著作，是有感於國人（特别是傳統文化孕育的知識精英）思維系統封閉，企圖介紹實證新知，引進邏輯思維的方法，以破除儒學之道「一以貫之」與「放之四海而皆準」的虚妄。他翻譯天演論，在序文中提到，有人歸納東西方學術思想，認爲中國文化重精神，是形而上之學，立意高超，而西方文化重物質，是形而下之學，衹追求功利的回報。他認爲，這種自以爲是的蒙昧態度，陷入傳統舊學的框囿而不自知，没有自我反思的能力，無法吸收「素所未知」的新知識，也就無法開展並弘揚自己的文化傳統。嚴復非常清楚他翻譯西方經典的目的，是爲了介紹新知，打破中國傳統思維的封閉性，但是，作爲披荆斬棘的拓荒人，他深知思想封閉者的頑固心理，必須因勢利導，以免遭到盲目衛道之士的攻訐。嚴復有其防身的策略，不會像許褚戰馬超那樣赤膊上陣，而是以桐城文章譯述赫胥黎、斯賓塞、穆勒、亞當·斯密、孟德斯鳩，博得晚清知識精英的贊許，文章深閎而傳入了新知義理。從文化變遷的角度而言，通過翻譯，以迂迴戰術來介紹西方思想，得到巨大的成功，産生了改變傳統思維體系的實效，是中國近代思想史上影響深遠的大事。以此類推，民國時期大量翻譯域外漢學的影響，也是不容忽視的思想史課題。

關於清末民初西方學術思維衝擊中國知識精英，顛覆傳統文化的知識結構，錢穆在現代中國學術論衡的序言中，從中國文化本位的立場，發出深刻的感慨，做了籠統的批評：「文化异，斯學術亦异。中國重和合，西方重分別。民國以來，中國學術界分門別類，務爲專家，與中國傳統通人通儒之學大相違异。循至返讀古籍，格不相入。此其影響將來學術之發展實大，不可不加以討論。」錢穆所指出的問題，是傳統知識體系强調「通」，文史哲不分家，最崇尚通儒，而現代學術講究專業分科，各司其職，以至於讀不通古籍呈現的整體性知識思維。姚名達在撰寫中國目録學史的時候，對西力東漸，西潮帶來的翻譯著作及新知新學，也有類似的感慨：「四部分類法，不合時代也，不僅現代爲然。自道光、咸豐允許西人入國通商傳教以來，繼以派生留學外國，於是東西洋洋籍逐年增多。學問翻新，迴出舊學之外。目録學界之思想不免爲之震蕩。」這種對學術體系發生重大變化的觀察，反映了中國學人從晚清一直到民國，夾在東西方兩種不同思維體系的衝突中，身歷其境的切身感受，因此感觸良多。

二十世紀上半葉最能代表中國學術的通儒是王國維與陳寅恪，他們浸潤了經史子集的四部知識傳統，承繼乾嘉篤實的考據學風，却都經過西洋邏輯思維與實證科學的洗禮，參與中國知識結構的轉型。對西方現代知識結構如何在中國生根發芽，不但再三致意，并且以自己的學術實踐來努力促成。王國維早在一九〇二年就寫信給張之洞，反對把經學列爲大學分科之首，而主張效法西方與日本的大學，設立哲學科，明確指出知識結構的分類不可因循傳統，而必須另起爐竈。陳寅恪在一九二五年就清華大學建制的問題，寫了吾國學術之現狀及清華之職責，指出大學的職責在於學術之獨立，而中國學術界的情況令人十分不滿，必須認真效法西方學術的體制及實踐。他說：「蓋今世治學以世界爲範圍，重在知彼，絕非閉門造車者比。」這兩位國學大師，對西方與日本的漢學研究十分注意，都是以開放態度對待域外漢學研究，集思廣益，以成其大家。

再回到「温故知新」的歷代經解，說說文化傳承的闡釋學意義。劉寶楠在論語正義中指出，上古之時，文化知識是上層統治精英的家學，不再治理實際政事的長者可以傳遞德行的知識，可以爲人師。「温故而知新」，就顯示長者不忘舊時所學，且能吸收新知，繼承并發揚這種學術與政治合一的傳統。到了孔子之時，時代出現了變化，士大夫不見得能够謹守家法，弘揚德行，也不一定能够「爲師」了。孔子之後，世變日亟，「道術爲天下裂」，文化知識不再爲少數統治精英所壟斷，也不必然與治理政事有關，學術在民間百花齊放，百家争鳴。但是，學術知識發展的脈絡基本未變，仍然是要温故知新，進德修業。從劉寶楠不經意的闡釋中，可以看到時代變遷影響了學術文化的内容，改變了知識結構的體系，但其内在發展的理路仍舊，還是需要舊學與新知的融合，才能有所發展。

劉寶楠還引述了劉逢禄的解釋：「故，古也。六經皆述古昔、稱先王者也。知新，謂通其大義，以斟酌後世之製作，漢初經師皆是也。」劉寶楠贊成這個說法，并指出，漢唐人解釋「知新」，大多數都沿用此意。也就是說，舊學是傳統的知識結構體系，新知是時代變化出現的新知識，必須相互斟酌，才能發揮得宜。至於如何對舊學「通其大義」，就見仁見智，各有說法了。從這個通達的詮釋來討論近代西學東漸的情況，我們可以看到，「温故而知新」在民國學人的心底，是產生「傳統」與「現代」糾葛的心理陷阱，不易跨越。若依照朱熹的說法，「學能時習舊聞而每有新得，則所學在我而其應不窮」，雖然在哲理上可以模模糊糊說通，但在清末民初的具體歷史環節，西學的新知屬於完全不同的知識體系，在原有的舊學脈絡中，根本無從立足，如何「其應不窮」？所以，真要放之四海而皆準，提升「温故而知新」的普世意義，以理解域外漢學譯著與近代學術知識體系變遷的文化史意義，我們認爲，皇侃、邢昺，一直到劉寶楠的闡釋，是比較合適，並與現代文化闡釋學的説法相近。

伽達默爾（Hans-Georg Gadamer）在他的名著真理與方法中，説到認知理性與文化傳統的關係，特别指出，人們通過理性，來判斷歷史文化中事實的真相，但是人的理性與生存環境息息相關，與傳統所衍生的豐富文化底藴有關，不可能完全超越文化傳統的思維脈絡。他認爲，人生活在文化傳統之中，就不可能「遺世獨立」，以全能超越的抽象思辨來認識傳統，甚至是批判或顛覆傳統。傳統是歷史文化延續與傳承的表徵，不會一成不變，而我們的認知理性也會因時代變遷，而不斷重新詮釋傳統。伽達默爾的闡釋學以西方文化傳統爲例，説明新知如何納入傳統，而使文化傳統生機不斷，生生不息，與中國歷代經學家的説法（朱熹除外），有异曲同工之效。以此觀照民國時期的漢學譯著，我們認爲，這批學術新知傳入中國，對中國文化傳統的繁衍與發展，實有承先啓後之功。

近代海外漢學名著叢刊的出版，最值得感謝的是南兆旭先生二十多年來搜羅的執着與努力。雖然這套叢刊不能窮盡民國時期的漢學譯著，但是，能滙集上百册自一九四九年以來在國内不曾重印的學術著作，再度公之於世，總是功不唐捐的大功德。忝爲本叢刊的主編，我面對這批民國學術材料，先是感到紛雜無章，有些原作者的學術素養也難副當前的學術標準，甚爲猶豫。後轉念一想，這是上個世紀中國最紛亂時期的學術記録，也是民生凋敝，國勢隤危，内亂外患交加之際，仍有許多學者孜孜矻矻，戮力翻譯域外漢學，爲中國學術的傳承拓展新知的坦途，不禁肅然起敬，開始用心整理分類。掛一漏萬，在所難免，好在有學殖豐贍的諍友擔任分卷主編，並撰寫各分卷前言，實在是衷心銘感。有傅杰教授負責「歷史文化與社會經濟」、戴燕教授負責「古典文獻與語言文字」、霍巍教授負責「中外交通與邊疆史」，吾道不孤矣。在整理編輯過程中，周威先生費心最多，也是我要衷心感謝的。

道術之存亡，全在人心之嚮背。這批民國漢學譯著重新問世，對我們生長在承平之世的學人，應當有激勵的作用，爲學術研究多盡份力，讓中國學術發展更上一層樓。

鄭培凱

二〇一五年七月

前言

一九四九年，身在美國的鄧嗣禹在遠東季刊發表近五十年中國歷史編纂學，總結半個世紀以來中國歷史編纂學從保守走嚮開放，「先是受日本，然後是英國、美國、法國，最後是蘇聯等影響」，既擴大了史料的範圍，又應用了科學的方法，把重點從帝國的政治事件轉移到社會經濟方面，終於「取得了巨大的進步」。鄭培凱教授主編的近代海外漢學名著叢刊，正是鄧氏提及的各國影響中的一部分——甚至堪稱是主要的部分。

本分卷主要包括兩大類：一是歷史文化，包括渡邊秀方中國哲學史概論、三浦藤作中國倫理學史、津田左右吉儒道兩家關係論、服部宇之吉儒教與現代思潮、五來欣造儒教政治哲學、濱田耕作東亞文化之黎明、梅原末治中國青銅器時代考、新城新藏中國上古天文、卡特中國印刷術源流史等；二是社會經濟，包括沙發諾夫中國社會發展史、駒井和愛等中國歷代社會研究、柯金中國古代社會、森谷克己中國社會經濟史、田崎仁義中國古代經濟思想及制度、卜凱中國農家經濟、馬札亞爾中國農村經濟研究、克拉米息夫中國西北部之經濟狀況、高林士中國礦業論、長野朗中國資本主義發達史等（以上作者譯名一仍所收各譯本）。這些著作引入中國的背景與影響，培凱教授的總序已經作了高屋建瓴、提綱挈領的論述。這裏衹就著作、作者、譯者三端分別舉例，略作一些補充説明。

先説著作。包括本輯在内，本叢書所選入的日本學者論著佔據了多數。曾有西方的東方學家概括日本學術實爲三餘：文學竊中國之緒餘、佛學竊印度之緒餘、各科學竊歐洲之緒餘。其言雖刻薄，却一針見血。但也正因善於嫁接，所以在用西方研究模式梳理中國歷史傳統方面，日本學者往往最具搶佔先機的便利，他們的著作也成爲當時的中國最多引進與借鑒的對象。例如梅原末治藉助於西方科學方法來分析中國青銅器的器形、成分，進而推論其時代的中國青銅器時代考在半個世紀中產生了廣泛的影響，如歷史學家吕思勉在先秦史中就引用過他對殷商時代青銅器的分析，考古學家黄展岳在關於中國開始冶鐵和使用鐵器的問題中則對他殷代已知用鐵的觀點提出駁正。卡特的名著出版至今九十年，仍然是時常被引用的經典，除早期的節譯本，一九五七年北京出版了吴澤炎譯的中國印刷術的發明和它的西傳，一九六八年臺北出版了胡克希譯的經傳路德修訂的卡德著作新版中國印刷術的發明及其西傳。其書既出，哲學大師杜威也給以好評，桑原騭藏、鄧嗣禹發表了長篇書評。直至本世紀芮哲非的新著谷騰堡在上海：中國印刷資本業的發展（一八七六—一九三七），還指出正是卡特著作的出版，因其表彰中國印刷術的悠久歷史和對世界印刷史的巨大貢獻，迅速影響了一批中國學者，進而影響了近代以來的中國印刷史書寫。其實，受影響的還不止是印刷術與中西交流史的學者。以夢溪筆談校證而蜚聲中外的當代夢溪筆談研究第一人胡道静回憶，正是從卡德的書中，他才知道夢溪筆談：

> 卡特的書説明了史料的來源，還特别夸譽了夢溪筆談這部著作，説它這好那好。於是我這個當時對古籍祇讀先秦、兩漢之書的小伙子就迫不及待地去找這本沈括的名著來閲讀了。（夢溪筆談校證五十年）

至於沙發諾夫、柯金、馬札亞爾等用唯物史觀來研究中國社會經濟史的論著，在蘇聯和中國都引發過爭議，而在當時就有學者指出，陶希聖等人對魏晉時期中國社會性質的看法，即深受沙發諾夫中國社會發展史的影響。

次説作者。各書作者背景各异，身份不一，研究中國的目的也頗有差距。其中既有津田左右吉這樣的學術大師，更不乏各學科中的權威名家，而且不少跟中國還有密切的聯繫。如濱田耕作與梅原末治師徒都在中國從事考古多年，不僅以自己寫下的著作、也以自己參與的活動，影響了中國考古學的發展，甚至用自己的工作給中國考古學家樹立了榜樣。早在一九二六年，北京大學國學門的考古協會與日本東亞考古協會成立東方考古協會，被譽爲日本考古學之父的濱田耕作就參與其事，一九二九年他又與高足梅原末治再赴北京演講，爲正起步的中國現代考古學注入了新的信息。其後梅原又在上海、天津、河南等地調查文物古迹。撰中國上古天文的天文學家新城新藏在二十世紀三十年代出任過上海自然科學研究所所長。撰中國農家經濟的美國學者卜凱從康奈爾大學農學院畢業後，次年即來安徽宿州，以傳教士的身份從事農村的改良試驗與推廣，在中國致力農業經濟學的教學與調查幾三十年。同樣是以傳教士身份在安徽宿州從事教育與宗教活動長達十二年的還有美國學者卡德——而他一生祇活了四十三歲。在離開中國後他一直從事中國學術的研究，在伯希和指導下研究中國印刷術的發明與西傳，傾注了滿腔的熱情，用盡了全部的心力，終以勤勞過度，在該書出版的當年與世長辭。

末説譯者。當年就有學者感慨，外國的漢學著作可資參證者甚夥，但譯著的數量與質量總體而言殊不令人樂觀，通西文者多鄙棄漢學，治國學者又忽視西文。從事者的學養並不都足以勝任這類專門著作的翻譯，因此有的譯文比較粗糙，但就已有的成績來看，仍有可稱道者。一是有的著作不止出版了一個譯本，如濱田耕作東亞文化之黎明、馬札亞爾中國農村經濟研究等時隔不久就出版了不同的譯本；有的甚至同一年中就出版了兩個譯本，如森谷克己中國社會經濟史在一九三六年既由中華書局出版了孫懷仁的譯本，又由商務印書館出版了陳昌蔚的譯本。二是譯者之中不乏後來的著名學者。如高林士中國礦業論的譯者是曾擔任北京水利水電學院院長多年、爲中國水利事業做出了卓越貢獻的中國科學院院士汪胡楨。在年過九旬之後寫的自述中，他還憶及當年由丁文江介紹認識了中國礦業論的作者、並受作者之托翻譯該書的經過。而梅原末治中國青銅器時代考的譯者則是舉世公認的甲骨學與殷商史權威胡厚宣，身爲中央研究院歷史語言研究所的研究人員，他正是在參與殷墟發掘之際譯出梅原末治的著作的。

世事沉浮，風雲變幻，這些昔日的譯著有的還在被學者屢屢提及，有的則塵封甚久，不再被人記得。如今輯而再印，使之重見天日，是既富於現實意義，也富於歷史意義的。現實意義在於這些譯著中的若干材料仍可供今天的讀者取資，若干見解仍可給今天的讀者啓示；歷史意義在於這些譯著中的部分雖然陳舊過時，無論材料還是觀點都被證明千瘡百孔，但它們在中國現代學術史的建立與發展進程中都曾經多多少少起過作用——因此它們不再僅僅是外國漢學史的組成部分，實際上也已經成爲中國學術史的組成部分，是我們不能輕忽，更不能遺忘的。

傅　杰

二〇一五年七月

作者簡介

著者

服部宇之吉（一八六七年—一九三九年），日本教育家、哲學家。一八六七年出生於日本福島縣，畢業於東京大學。歷任東京帝國大學教授、東方文化學院院長、帝國學士院會員。服部宇之吉曾廣泛地活躍在近代日本的學術界、教育界甚至政界，是以孔子之徒相標榜、宣揚儒教最傾心、最有影響的人物之一。

譯者

鄭子雅，资料不詳。

儒教與現代思潮

目次

儒教與現代思潮

第一　儒教與民主主義

隨着現時世界大戰而起的各種思想中最是傾動一世的，大概要算民主的思想了。這種思想，自然不是現代的產物，也不是近世的產物；但是從這次大戰後他的勢力大爲增加，卻是不可掩的事實；便是將來他的勢力還要增添也無可疑的。但我現在對於民主主義的本身無暇詳論，我只就儒教是否爲民主主義一端討論。

關於民本主義和民主主義二語，常人大概都認做同意，隨便使用，其實是大不相同的。原來德謨克拉西（democracy）這字，雖然不止一意，但在西洋是一字二用，在東洋則民本民主視同一意，其實大有差別。至於『民本』兩個字，大概本於尙書五子之歌『民惟邦本』一語。但五子之歌屬於古文，係後代所輯成，學界早有定說，若要別求其本，那末淮南子主術訓有『民者國之本也』一語，又泰族訓有『國主之有民也，猶城之有基，木之有根，根深則木固，基美則上寧』等語，也可算做『民本』兩字的出典；至於這淮南子上所說各語，應該也有來源，只是現在不知道罷了。但淮南子上這兩處所說的話，意義也前後不同。主術訓另有『食者民之本也』一句，這是就農業立國之關係，專稱農民爲民，乃對工商等而言；所以他的意思不過說農業爲國之本，農民爲國之本。但泰族訓中之語，卻與此異。那裏的民字，是指一般的人民說，意思是說：民不安，君亦不得安；所以君須以安民爲務。五子之歌所說，本與此同意，就是說人君失了民心，便不得安於其位了。這原是勸人君不可逸豫的意思，所以下文有『予臨兆民，懍乎若朽索之馭六馬』等語，就是勸人君須常常懷着恐懼的心思。論語堯曰篇有『四海困窮，天祿永終』等句，據古注解釋，這是說人君德行若能傳遍四海，天祿就永遠在他身上了；但依朱子說，這是說四海百姓困窮，天祿就永遠離開他了。我們若照朱子的解釋，其語卻與五子之歌所說相合。

由上面所說看來，民本一語，原有兩個意義，不過今日所用民本主義的意思，只用第二義，沒有用如第一個意義的；所以現在專就第二個意義立論。要明白民本主義的意義，須先知其根本上究有何種思想和主義。現在且把其根本思想分析一番。

所說民不安君亦不安失民心必失君位，就是說人君的地位權勢，並非無條件的絕對的給與他的；其實就是說人君的地位，權勢，是依着一定條件給與他的。條件是什麼？就是人君須知他必以人民的幸福安寧爲唯一目的，須爲最善的努力以達此目的。也就是說人君非爲自己而存在，乃爲人民而存在。人君既爲人民而存在，那末他所爲必能保全人民的生存，增進他們的幸福，才算稱職；若是危害其生存，施以不幸，就算不稱職了。能稱職的，人民自然服他；不能稱職的，人民也必反對他了。而人民歸服的得保其地位權勢，不歸服的必失其地位權勢，那又是理之當然，不待言了。

在春秋戰國時代的政治家及學者中所謂法家者流，雖想把人君置於無責任的地位，但儒者總是認人君爲完全負責任的。但人君究竟對於誰負責任呢？就是說人君爲人民而存立，究竟由於人君自身的覺悟或信念呢？還是由於什麼人所指定的呢？從這種問題的解答，儒教的民本主義是否和現在的民主主義相合，便可決定了。

要回答上面的問題，必須先講一講儒家對於國家起源的思想是怎樣。但關於國家起源，中國有兩派思想。一派是儒家以外的墨家思想。

墨子的學說，其出發點和霍布斯學說很相似，但再進一步，便全然不同了。墨子以爲人類初生，不知營社會的生活，各人獨立孤行。這樣的不知經過了多少年。這就是霍布斯所說人與人爭鬭，久後才入於共同生活，最後乃一躍而成國家組織的了。但國家組織是怎樣的纔能成功呢？關於這一方面，墨子的見解，便和霍布斯相異。他並無『民約』一類的思想，他只把當時所行的封建制度認爲惟一的國家組織。他以爲最初人類不營共同生活，所以『一人一義，十人十義。』義就是善惡是非的標準；當時社會意識未發達，各人都用自己的心去判斷善惡是非，所以各人所說善惡是非各不同，就是說『一人一義十人十義』了。等到後來，才漸漸入於共同生活。最初是一里之長，率領里中的人服從國君就是諸侯，以國君的義爲義，於是一里之義才得統一；國君又率一國之民服從天子，以天子的義爲義，於是一國之義統一；最後天子又率天下之民奉天意天志爲義，然後天下之義才得統一。

上面的說明，關於里長、諸侯、天子怎樣發生，他們怎樣能够率他們的屬下奉上之義，都沒有說明，所以很不徹底。至於『民約』一類的思想，那是墨子尤其沒有的了。

墨子的思想雖然處處和儒家反對，但他把義的最後根據置於天意天志，卻與儒家相似。這也是中國思想一特色。

儒家學說與墨子相近的，在古代有荀子，在近代有黃宗羲。

荀子說聖人制禮法以矯人慾而拂人性，使出亂而入治，可見他是以為生民之初，聖人未制禮法之先，是人人任欲從性而行的。但是聖人既出來組織國家，他的權威的由來，又是怎樣的呢？關於這一端，荀子卻沒有明說，所以也不徹底。

黃宗羲也說最古沒有國家組織，但後來這組織怎樣成立的呢？他也沒有說明。

但儒家本來的思想，是說生民之初便有天子的。這卻與墨子不同。

老子的根本思想原和儒家相異，但關於這一端也與儒家相同。不過關於天子怎樣會發生，老子的見解又和儒家不同。原來老子是鼓吹自然主義的，所以雖說生民之初便有天子，但以為是自然而然的；儒家則說天子是天立的。

所以儒家說：天子對天負責任，天子須爲人民盡最善之努力，天子爲人民而存在，就天所以立天子的動機上言，當然如此的。欲明此理，須一說天的自體、天與民、天與天子間的關係。

天字見於經傳上多極了，但其中有相對和絕對的區別。相對之處，與他相配，爲萬物生成的原因，絕對之處，爲宇宙或人類的主宰。相對之時，天和地相同，只是氣。氣大概是微妙的物質，乃有永久無盡的生命的。氣又有精粗之別；精的是天，粗的是地。地又叫質，天又叫形；也有以地爲形以天爲氣的。周易象傳有『天氣下降，地氣上騰』之語，以此說二氣交感的可能。二氣交感時，其作用有主從的分別。天氣屬陽，乃能動的，伸張的，流行的；地氣屬陰，乃受動的，屈縮的，凝滯的。故雖同有無盡的生命，但生活作用最顯著的是天氣，地氣的生活作用大概是潛在的。二氣交感作用中，概由天氣先布以感動地氣，地氣乃感之而動。於是天地二氣交感而萬物生成。凡物皆有形體，其中各有生活作用。形體爲地氣所成，生活作用爲天氣所成。故地氣爲萬物的形體的原因，天氣爲萬物的生活作用的原因。周易彖傳說萬物資始於乾，就是天，資生於坤，就是地。以『始』與『生』相對；生以個體的成就言，始以個體的始生言，其實就是說天生地成了。天不爲『始，』什麽都不得生，此點最着重，所以只說天生，不說地成的地方很多。

萬物生成有一定的次序。無機物先成，植物次之，動物又次之，最後才有人。荀子說：水火只是氣，未有生；草木有氣，有生，但沒有知；禽獸有氣，有生，又有知，但沒有義；到了人才有義。知字有廣狹二義：狹義指知覺，廣義指知識，此處屬於狹義。義與仁義之義不同，與孟子所謂理義之心相同，大概如同康德所說實踐理性。水火雖說無生，但不能看做死物，不過生活作用沒有顯現罷了。所謂生、知、氣等物，皆爲天氣的作用，天地二氣配合的情狀不一，天氣所現的作用也有差別了。但關於配合的情狀，古人沒有詳說，宋儒雖然有理氣說，但除氣之精粗厚薄以外，所說很少。總之，向來關於氣的研究是不很完全的。人生在萬物生成的後頭，他有知，萬物也有知，但因他有義，所以能超過萬物。人不但是有知，又有欲，也和禽獸一般，而且他的知又勝過禽獸，所以欲也多。至於義，雖則由天生成，但若只照天賦的樣子，決非完全，必須依後天的發達，才能完全實現。故人類若由義的方面看，只有極微弱的可能性；若由知和欲的方面看，是但憑本能盲目的向前進行的。可是只憑本能行事，卻能完全其爲人之道，而因此傷身的也很多。由這一點觀察，人是弱而且愚的，所以叫做民。民字漢儒解爲「苗」

爲『瞑』乃是用意義相通的字解釋。苗是草木初生甚微弱的意義，瞑是盲目的意義。因其微弱，所以不能自立，因其盲目，所以不能自行；所以必須扶他，才能自立自行。但誰能扶他呢？民當然不能互相扶，所以必求於民以外，以天爲能扶他，這是必然的思想。但若說天自己扶民，那便是神道主義(theism)了。儒家卻不是這樣，他以爲天非直接扶民，乃使聖人代他扶民。聖人是有完全之德者，就是完全之人格者，所以能扶弱而且瞑的民，使他立，使他行，以完全天所生的人。

但天何故不生成能自立自行的人，卻生成又弱又瞑的人民呢？而且既然生他，何故任他在自然的運命裏，必須扶他呢？這是因萬物生成，並非由於所謂創造作用(creation)，乃由於自然作用。因爲二氣的交感，並非出於天的意志依照一定的計畫進行的，只是必然的機械的行動。所以結果生出弱而且瞑的民。由這生成的過程言，所謂天乃是自然理法之名。宇宙乃是一種機械的體系。但在儒家看起來，天既然生民，必然願他能遂其生。這種見解是儒家和老子的自然主義全相反對。

以人推天，天必然不喜他所生不能遂其生，而願他得遂其生的。必然這樣去觀天，才可見天的仁。後人雖有專以生說仁的，但其說不的當。因爲仁者雖然不亂害人物，但生不能就算仁；而且天的生人物，原非有意的作用，那能看出仁來！故因天生人物其力廣大，稱之爲天，爲昊天，其中卻不含有仁的意味。所以必由天欲人得遂其生上言，才見得仁來。仁在宋儒看起來，有專言卽絕對和偏言卽相對的區別。後者乃情的德，其作用爲愛憐；前者朱子說是心的全德，乃統一知情意全體的天的仁，自然是絕對的，他不像一般人，徒然可憐他人窮困束手無策；他憐憫民的不能遂其生，便有實現其憐憫心的手段和實行的意志。所以從憐憫的方面看，稱天爲昊天。昊和憫或愍意義相同。又由天在上監臨於下言，名天爲上天。而上天又有明的觀念，乃專以知言。人的明所照有限，所知也有限，不能洞見人心之底，只能用想像去忖度。天便不然，人心裏面怎樣的祕密，都照得見。以天力的廣大言，稱爲昊天，乃專就生萬物的原因的天言，但亦含有意力絕大的意義。所以天具有知情意之力；天又絕對無限，爲人所不能測度，故又稱爲蒼天。蒼天並非蒼蒼大空的意思，乃遠而不可測的意思。所以天又爲超越人類的主宰，尊爲皇天，又爲表明人格的主宰的意義，稱爲帝，爲上帝。所以天爲人物生成的原因，又爲其主宰；他爲實現其仁，因命聖人代自己去扶民，使他能自立自行。但聖人也是人，他怎樣能不弱不瞑呢？所以又假定聖人乃能自成的 (self-made)，或是在生時已經具有異於平民的素質的。但也有說是天所特生的。也有說是天啓的(inspiration)。天啓一類的思想，也見於左傳，但都是夢想的觀念，不能適用於此處；又有說潛思默想長久可與鬼神相通的，古書屢屢有此種思想，但也與天啟不同。漢代學者又有說聖人乃天的兒子，創立感生說的。但這種思想不能通行。人皆可以爲聖人一語，不但後來的陸王學派極力主張，孟荀二子早已這樣說了。其實這也是儒家的標的。但據中庸上說有生知安行的聖人、學知利行的聖人、困知勉行的聖人等區別，可見聖人也許有天生的。總而言之，在生民之初，天命的聖人和非天生的，其說到底不可通。所以在生民之初，天已命聖人代自己扶民，使他爲君以治民，爲師以教民，授以政教二者的權威，使居至高極貴的天子的位。譬如孟子所說『天降下民，作之君，作之師』，就是這個意思了。孟子又說明此語，以爲其由天命而助上帝，故又置於特別尊嚴之位。所以天子的地位權勢，是因他替代皋陶所謂天工，因他幫助上帝而得的；而人君的責任職分，是全然由此萌芽的。這樣看起來，儒家的民本主義中，並無主權在人民全體的思想，而且他以天子的權威爲天所與，也可看做一種神權說了。儒家和民主主義相異的所在，還不很顯明碼？

但後來又想到天怎樣知聖人命他居君師之職的問題，因此又發生一種稍異的思想。原來歷代雖把當代天子稱做聖人實際卻視聖人的地位甚高所以說孔子以後無聖人，孔子乃中國唯一的聖人；必是這樣的聖人才可爲天子。原來在生民之初爲天子的聖人，雖由天所特生，可是天子也不一定要天生之聖，故天必就非天生的聖人，探知其是否可以當君師的責任。因此又發生天怎樣知聖人的問題。要求其解答可看尙書臯陶謨的『天聰明，自我民聰明，天明畏，自我民明畏』等語。此『聰明』二字，後人或解爲天和民的視聽，其實當從鄭玄解爲聰明睿智有德的人；明畏乃顯罰的意義。就是說天要判斷某人是否聰明睿智可以爲君師，只從人民的判斷；要判斷某人不德而降以罰，也從人民所判斷。天不用己的知去知己的意去決，只從於民的所知，民的所判斷。

但前說民是弱而且瞑的，現在又說從於民的判斷，豈非互相矛盾？這卻另有一個道理。因爲從一個人說，民固然弱而瞑，但當多數民衆的判斷一致時，總可無誤的。而且若是單使民人判斷事理的眞僞，雖然有衆人一致的判斷，也許難以信賴；可是現在的問題，只是判斷某人的德與不德。德就是人格之力，必與衆人的人格接觸，自然感於衆人之心；而且所說聖人，也不是和民沒關係的人，必是居位任職的人；所以他的行動，對於人民的生活，有直接或間接的關係，人民常常痛切感其影響的。在這樣的情形中，人民若一致認某人有德，認某人爲不德，其判斷總可看做不錯的了。這就是天從人民的緣故。所以皐陶的意思就是說：民心歸往的，天就認爲有德給以大命；民心所離叛的，天就認爲不德，奪其所給的大命；天意完全從於民心。這就是所謂天命說了。

天命的去留，全然由於民心的向背，到皐陶才言明。若照他所說，天意必從民心；得民心便爲天子，失民心便失勢位；民是唯一的判斷者，天子的廢立，其權完全在民，這倒有點近於民主呢！但是皐陶所說，還有須注意的地方。就是民的判斷，到底須等他成爲天的判斷，才有效力；不然便全無力量，最後的決定，還是操於天呢！所以後來孟子雖有『得乎丘民而爲天子』一語，但正式還須膺天命；論語堯曰篇雖有『命舜』之語，但仍說『天之曆數在爾躬』。照這樣說，可見天子的權威，仍舊要從天得來的。等到夏朝王位歸一家世襲之後，一直到了周朝，爲調和這種事實起見，已經把皐陶的說話稍爲改變了；但仍舊大倡天命之說，這從詩書都可證明。又據墨子，殷湯的伐夏桀，周武的伐殷紂，也都採取祀天而受天命的形式，才敢進兵呢！但是天命說雖經周人改造，還不能爲王位歸於萬世一家的理由，不能否定革命。萬世相傳的理想，周人只是放在心裏罷了；到了秦始皇，才想實現他，立絕對專制主義。秦始皇焚滅詩書，想也因其中含有天命說的結果和理論罷！原來天命說，以德爲天命的唯一理由，和德治主義很有關係，始皇以武力平定天下，所以不採德治主義；其他如韓非，乃始皇所想見而不得見的人物，他和其他法家所主張的法治主義，始皇也沒有採取。始皇所採取的，是人君意志絕對無限的主義。漢以後，大概沿用秦制，但自從經學復興，天命說，德治主義，也隨之並與，絕對專制只在形式上罷了。

世人多說孟子的言論很近於民主主義，這是因孟子高倡前述的民本主義，他以爲民最重，社稷爲次，君最輕；又說人君不圖民利危害國家的時候，可以易他的位；譬如桀紂，天下的民心已去，雖在君位，也不算得君了，所以湯武伐之，如同誅一獨夫，並不是弒君。他有這種種議論，所以人家有此樣的批評了。但誅獨夫之說，荀子也曾道過，這是戰國時代思想，並非孟子一人的說話。而且孟子也非說人君不德，不論什麼人都可以伐的，他說必須天吏才可伐之，他原非說人民有廢立人君之權的。但他的議論，往往流於怪僻，失於中庸，所以執一端而觀，不免要誤解爲民主主義。這也是後人多有非難孟子的緣故。

此外，黃宗羲也有很痛快的議論。他說人君須棄自己的利益，爲天下萬民謀公利公益；後世人君以天下爲產業就是私有財產，實是不應該。又說人臣本是助人君謀天下的利益的，其出仕乃爲天下萬民；若人君以天下爲私有財產，專圖自己的利益，人臣還要去幫助他，那是僕妾之道；孟子所說，眞是聖人之言；世上所傳伯夷叔齊說君臣之義，阻武王伐殷，只是無稽之談；『君臣之義，無所逃於天地之間，』乃是小儒的議論。

若照此說，君位爲一家所世襲，自然是極不合理的事；堯舜禹的禪讓，乃是合理的事了。又禮記禮運篇上託名孔子的大同說，由黃宗羲的議論看起來，也是最合理的事了。現在中國人也有對於大同說全不加考證，便以爲是孔子之言，又因此認孔子爲民主共和主義之祖。大同對於小康而言，含有太平的意義；小康是對於大同之語，含有差別的意義。據禮運篇說，大同乃唐虞三代以前大道盛行之世；小康乃唐虞三代大道已隱之世。大同乃太平、平等之世；小康乃小安、差別之世。大同乃平等之世，所以拿差別爲本的禮義沒有發生；禮義到差別之世、小康的時代才有。大同和小康最大的區別在於大同以『天下爲公』小康以『天下爲家』天下爲家，君位傳於子孫；天下爲公，君位讓於賢者。但此說和孔子之教不合，確非孔子之言，先儒已經屢屢論及。大概戰國時代受老莊派思想的影響的儒者，以此說假託於孔子，漢初編禮記的無端採取，後人竟誤認爲孔子之說，近人又附會其說，竟謂孔子在二千多年前早已主張民主共和了。其實就算是孔子之言，但天下爲公也不過堯舜所行的禪讓，堯舜也只依天命說而行動罷了。堯舜時，也是君主制的時代，並非共和時代。所以這『天下爲公』四字，就算是孔子說的，也不過說讓天下於有德的人罷了，全然不含民主的思想，也沒有主權在人民全體的意思。再讓一步說，就算含有民主的思想，卻還不見得有共和思想。『天下爲公』四字中，並沒有大總統公選的意味。總而言之，決不可把這一句說話認做民主共和主義。

民主主義，必以自由和平爲理想和根本，我現再考一考儒家有沒有自由平等的思想。在古時原有一事很近於自由思想，但後世又不行了。這就是周禮所載三詢之法，凡遇國家有大事，便叫百姓來問；這種大事有三：(一)國家遇有危險的時候；(二)遷國和遷都的時候；(三)立君的時候（沒有相當的人可立的時候）遇到那種時候，便召百姓到外朝（第三重宮門）來問他們的意見。但所召的百姓，只是邦畿中千里以內的，諸侯之民並不在內；又畿內之民，大概也只是代表。至於諸侯之國，這種事想也有的。

或說周禮只記理想，並無實事，但左傳記王室遭亂召民問以主君的事情，共有二次；孟子也載太王避狄難去國會召父老相告的事情；尚書盤庚篇也載盤庚遷都時召百姓來告訴他們不得已的緣故；可見殷周兩代確有此例，並不可看爲理想的空文的。

此法和盎格羅薩克森人所行的賢者會(witenagemot)相似，若是後世逐漸發達，原可成爲國會的。但後世此法全亡，只有聽民言察民意的主義，實際上也只有遇到天變地異天子下詔求直言罷了。這都不能算做自由之證。

至於平等一項，中國社會組織的根本，確是平等的。或說周代有士大夫庶人之別，禮記載『刑不上大夫，禮不下庶人，』這便是階級之別了。其實不然。但凡階級以不能互相移易爲本義，若說士大夫和庶人是階級，那末士大夫必然不可爲庶人，庶人絕對不能爲士大夫了。但如荀子所言，士大夫的子孫無學不德，可降爲庶人；庶人的子孫有學問道德，也得爲士大夫。這也不但理論上爲然，庶人得爲士大夫，還規定於法制呢！即如後世科擧之法，實淵源於周代的『賓興法』。『賓興法』是先施教育於一般國民，選出其長於道藝，或長於德行者，就其最優者送入大學，和天子公卿大夫的子弟同受教育，後來又任以官職。所以實際上庶人是得爲大夫的，他和本來的士大夫相異之點，只是不能世祿。這樣說起來，把士大夫和庶人看做階級，確是錯誤了。

但春秋時代有晏嬰，戰國時代有愼到，曾經主張士農工商的世農，假若嚴格實行，也許發生階級，不過他們只由便利主義主張此事，沒有什麼根據，也沒有實行。

又周代前後有奴隸，但也不成一種階級。古時奴隸大概是被捕虜的野蠻人及罪人失去了身體自由的，但早已和齊民相混，不留痕迹了。後世奴隸，都由賣身，大概只限於一身。此外，又有一種因職業關係稱爲身家不淸白的人，不能享有良民所有的某項權利，如應試做官等事，但這種人若是改業，經了三代，仍舊得享一切權利。至於廣東的蜒戶，在民國以前，長久算做身家不淸白，只是極少數的人。所以說中國通古今沒有階級，也未嘗不可。

若要勉強區別，那末從古到今，只有君子小人之別。但君子小人、只是以德或是以位言，而且位也以伴於德爲原則；所以這種區別也不能算是階級。到了後世又有一種『士』的稱呼，其實就是讀書人的代名詞，書是人人可以讀的，所以士也不能成階級。由此說來，中國社會組織既然以平等爲原則，可見中國確有平等的思想了。

總而言之，中國儒家思想中，雖有民本主義，卻無民主主義；把民本主義直接算民主主義，不是曲解，便是誤解。古昔關於天的信念，後世漸漸失其力量；自從以天爲理的學說興起，關於天的人格觀念，是尤其薄弱了；而且因屢經革命，對於天命說中天的威力，也不甚信從了；所以從此移到民本主義是很容易的。

第二 儒教與功利主義

近代思想有多數特徵，而自然科學的勢力的強大，確是其中的一種。因此發生了法國孔德・奧古斯德（Auguste Comte）的實證哲學（positivism），又由此主義中所含的思想發生了其他種種主義。實證主義以實和利爲根本思想：實是可以實際證明的，利是可以生實際上的效果的。實證主義除了實際可以證明的和可以生實際效果的以外，一切的知識都以爲沒有考究的價值。這是自然科學的精神採到哲學範圍內時所必生的思想。後來又有專取其以實爲主的方面別成一思想的，那就是自然主義（naturalism）和不可知論（agnosticism）；又有以利爲本別成一思想的，那便是實用主義（pragmatism）。和功利主義（utilitarism）。拿這種思想爲標幟以成一家之言的，自然是近代才有，但這種思想的本身，卻非近代的產物，並且也不但見於歐美思想界，中國古代思想界早已有之。

最初主張自然主義以成一家的哲學的是老子。但老子非研究自然的人，其實當時也沒有近代意味的自然科學所以老子的自然主義和近代的自然主義根據不同是無可疑的了。可是老子認道爲自然的理法主張須體道以觀萬物他以爲人若由己意說事物該是這樣那樣那是不行的，他極力排斥之這都和近代自然主義的精神相合。老子的流派如楊朱主張爲我和享樂晉時竹林七賢度放縱生活，也都和近代自然主義相似。

至於不可知論，也有說孔子是這樣主張的。他們以孔子答季路問死之語『未知生，焉知死，』又答問事鬼神之語『未能事人焉能事鬼，』說孔子是以死和鬼神爲不可知的。我們看論語二十篇只是關於倫理、教育、政治之事，不及其他問題，好像也可以證明其說。但細想孔子答季路之語，明是告訴他知人事和生乃『當務之急，』不一定是說不能知死和鬼神。靈魂不滅，本儒家所信；荀子以葬爲由此世遷於彼世之道，好像信人格的繼續，也是儒家的本來思想。孔子關於此點特加以倫理的意義，對於儒家的本來思想確有所改革但非否定靈魂不滅說，是不待論的。孔子深信天命之在己身，又極重祭祀，其態度決和宋儒不同；宋儒以鬼神爲二氣的良能，那才是無神論呢！論語有『子不語怪力亂神』一語，解者或以爲是怪、力、亂、神四事，或以爲是怪力亂神二事，鄙見以解做四事爲當。原來語和言不同，乃是教導的意思，不語怪力亂神，不是不說及這四事，乃是不以這四事爲教。除去天命的信念，孔子的人格便失其根本，孔子後半生的行動便失其行動。孔子對人雖常取謙遜的態度，但說到『好學』、『教誨』、『天命』等事，便坦然吐露其所信，毫不畏憚。試想他這樣深信天命，還會以天道鬼神爲不可知嗎？孔子言性與天道，只是不可得而聞，並非不可得知。

至若實用主義，中國人本有實際的方面。其論事理，都注重於以人爲本的實際效果。但儒教卻重視與實際相異的方面，到了極端，都有流於非實用主義的。若要在中國古代思想界中求實用主義的例，那末在墨子學說可以尋得。墨子是很有論理思想的人；其書中關於論理的，有大取、小取、經上下、經說上下六篇；其門徒以詭辯出名一時的，見於莊子天下篇。墨子以爲凡立說須有一定的標準，他因此立三個標準，名爲三表——表又名儀。三表是本、原、用三者。本，是本於天鬼的意志，先王的事，先王的書。原，是原於百姓耳目之情，就是天下衆人實際所見聞，或是天下衆人實際所願欲。這和實證主義所說的『實』相同。用，是實際施行所能得的效果，就是爲政者施政須看他在人民安寧幸福上有無效果。

墨子就依這三表斷定他的兼愛主義爲眞理，第一他由一種類例法（analogy）論定天兼愛天下之民因說兼愛乃是天志關於先王的事他取夏禹苦身治水爲天下盡力的事實。第二他說若問天下衆人利己主義的人好，還是兼愛主義的人好，那末誰都說兼愛主義的人好了。第三他說以利己主義爲政和以兼愛主義治民，對於人民安寧幸福上的效果，大有分別；以兼愛主義治民，對於民生上可得最好的效果。這樣說起來，墨子是實用主義的人可見了。

至於功利主義，那不但是倫理上的主義，現代多數方面，都有功利思想存在。功利主義，乃是現代最有力的思想。彭坦米爾的功利主義，以最大多數的最大幸福爲目的，但是凡重實利實益的，也可說是功利主義。現在姑從廣義解釋，論定儒家對於功利主義取怎樣的見地。

功利主義，因重視實用實益的緣故，往往眩於目前的小利，成爲淺薄的實利主義；或有重視物質的利益，而輕精神的利益的。近代的功利主義，由自然科學的勢力而生，偏於物質的方面，原是難怪的；但古時的功利思想，也有這樣的弊病。墨子信天鬼的意志，不專據於實用主義，但其思想卻是功利的，又很偏於物質的方面。譬如墨子一切和儒家反對，而對於儒家以長喪厚葬爲教，攻擊尤其利害。他攻擊長喪厚葬，是因其徒然消財，妨害人的活動，阻止人口的繁殖。這是他惟一的理由。試想儒家為什麼要立長喪厚葬的教呢？其最大的理由是要使兒子盡其父母之心，也在使一般民心歸於敦厚。但墨子全不顧此等精神方面，只就物質方面立論，他的攻擊點和儒家的立脚地，是全然不相干的。此外，他的非攻論也是這樣。而且墨子的兼愛非攻等說，雖然本於天志而立，屬於形而上學的方面，但其所說反以物質的利益為主。他所說的天和儒家不同。據墨子的見解，天的兼愛萬民，並非本於天之仁，只是人民對天所行為的報酬。他說諸侯因其國民所納租稅以為衣食，所以愛民；天子因天下之民所納租稅以為衣食，所以兼愛天下之民；他因推定天享受萬民供物，也必兼愛天下之民。原來祭天雖是天子的特權，但天子非為自己而祭，乃為萬民而祭，故天下各國的人民，各把其土地所產的東西來供獻天子，天子便用此祭天，因此，天能享受天下萬民所供之物，故天兼愛萬民。由此看來，墨子雖以天志為兼愛的第一根據，但其所論，差不多沒有理想主義的分子，乃是物質的功利主義。

但儒教非功利主義，已經在前面略加指示了。這也是儒教與墨子異其根據的地方。也有人因中國國民性中多含功利思想，以爲儒教自身也是功利主義，其實不然，儒家主義不必和中國國民性相同，這如同基督教以博愛爲教，歐美人不必都是實行博愛的。不過儒教和國民性並不是全然無關係的，中國國民既然富於功利思想，也必侵入儒教，那是自然的趨勢了；但是事實上，功利思想卻和道教相結託，侵入儒家方面的反少。

功利主義，自倫理學上言，乃屬於結果論；關於行爲的善惡，專由結果判斷，全不問動機。儒家卻和此相反，他屬於動機論的，關於行爲的價值，乃以動機的善惡爲判斷。這事可由儒家所謂義利之別來說明。原來義利之別，是儒家所常言的。利有兩種意義：第一種是和義不相容的；第二種是本於義而生的。左傳上所說利爲義之本，乃屬於第二種。這種利，在於個人是以精神的福祉爲主，在於國是國家民人的公利，乃由行義而得的結果。第一種的利，如孟子所說『王何必曰利』之利。原來孟子初到梁國的時候，梁惠王便問孟子怎樣可以利他的國，孟子反詳言利的害處以止之。這是因惠王所說的利，只是圖一國的利，便是有害他國也不顧；而且所謂利國，也只是王的私利，並非國家人民的公利，所以孟子舉出言利的害處，一面又把仁義便是大利的道理對他說明。總而言之，與義不相容的利，是當初便以利爲目的者；本於義的利，乃是以義爲目的自然而得的結果。此外，以義利對言意思最明白的，爲論語上『君子喻於義，小人喻於利』二語。喻是最先湧上心頭的觀念。這兩句說話的意思，不是說小人不解義，君子不知利；是說做某事或是遭某事的時候，君子心中先起的觀念是義，小人心中先起的觀念是利；其實，就是說小人的動機在於利，君子的動機在於義。所以行爲雖然相同，但由其動機在義還是在利，就生出君子和小人的分別了。譬如服事父母，若其動機在博得孝子的名譽，以謀己身的利益，便是小人；若其動機在於盡人子應盡之道，便是君子。但儒家所說君子之道，其實就是爲人之道。總而言之，儒家既然不問結果，只憑動機判定行爲的價值，更由此差別人格的高下，其非結果而屬於動機，無可疑的了。前漢董仲舒所言『正其義，不謀其利，明其道，不計其功，』最能說明此點。又孔子所說『觀過斯知仁矣』一語，也是結果論中所不能有的，這也是儒家爲動機論的一個證據。但關於義的概念不十分明瞭，還不能表明儒家的非功利主義，請再講義的意思。

古來關於仁雖多有說明，關於義只視同自明的一般，其實義究竟是什麼東西，是應該仔細研究的。而且義的觀念，決非和仁一樣簡單的。自從中庸有『義者宜也』一語，以後學者便專以宜字解義。但所謂『宜』，必定不光是一種形式的原則；若專以此為行為的法則，實際上必然遇到困難的。因為這時必然要想到：怎樣的行為才合『宜』呢？宜、是主觀的還是客觀的呢？若是主觀的，由於各人的判斷，那末我以為宜的，他人未必也以為宜；甚至在於同一人，今日以為宜，明日未必也以為宜。這樣的義，便不能得普遍性了；可是義之所以為義，就在他的普遍性呢！朱子以為義是『心之制，事之宜』；心之制乃義的體，事之宜乃心的用。心若能依照天理活現，那末，其所制自能得普遍性；但若不能盡究其理，完全明其心，那末，心之制那裏能得普遍呢？宜若說是客觀的，又不能不有一定的標準；一定的標準，除禮以外，沒有旁的東西。但禮是以義為本的，這樣又要歸到「義是什麽」的問題去了。康德所謂無上命令，雖是一種形式的法則，但康德又說到發命令的主體，解宜為義，其中是否還有主義，這又要成疑問了。或說義是差別的原則，所以節制仁的施與，使其由近及遠，由親及疎。照此說，又要發生疑問；就是說：仁是否本來平等，實施上才立差別，為遠心的施與呢？還是以遠心的作用為其本性的呢？若本來是遠心的，那末，義只是仁的差別方面的別名，離仁便沒有義。此外，又有說義是使本來平等性的仁爲遠心的作用的；義不但是獨立的原則，就某種意義，比仁還要高還要有權威。但也有說仁是本來遠心的平等就是差別。果如這樣說，那末，義只是仁的顯現的自然過程，離仁便無意味，稱仁卽足，不必以仁義倂稱了。但孟子常以仁義倂稱；又孟子前後離仁說義的，如論語『見義不爲無勇也，』孟子『君臣有義，』左傳『大義滅親』等，難道都是說明所以差別仁的施與嗎？又如平等和差別固然是有相反之性，但古來對於仁義，別有種種相反之性：仁有溫厚之意，義有嚴肅之意；仁有包容之意，義有判斷之意，這些意義，都可以理會義的本質。此外，和孟子同時的有一位告子，孟子說仁義是人性所有，他卻說仁在內義在外；孟子說孝是仁，敬是義，他卻說敬是敬長者，但長者乃他人的資格，並不在於我的性中。原來告子以孝是人性中固有的仁的顯現，敬卻由性外的事情所制。告子思想的謬點，孟子駁得很是；但若推廣其說，義可說是性外的權威的命令。其實性外與否，原是別的問題，現在且不必討論，但義別有一種不可和仁混同的權威，那是不能否定的；孟子說仁是安宅，義是正路，也含有一種暗示。總而言之，義實在含有制斷、權威、正當等觀念，原有不能單看做人性自然的顯現的，更從他方面觀察，如有若說『孝弟也者，其爲仁之本與？』是以孝弟同爲仁本孟子以孝爲仁，以弟爲義；禮記禮運篇『何謂人義？父慈，子孝，兄良，弟弟，夫義，婦聽，長惠，幼順，君仁，臣忠，十者謂之人義。』是孝弟可謂仁，也可謂義。如禮運篇所言人義卽人道；但仁本是人道，所以人道可謂仁，也可謂義。但同是孝弟，何以或說是仁，或說是義呢？原來從人性自然的發現看，孝弟同是仁；從人所當行之道言，孝弟便同是義了。所以義含有人所當行之道的觀念。在人所當行之道的觀念出現時，孝弟都是義，單是人性自然的發現，不伴以此觀念時，孝弟都是仁。而在當行的觀念出現時，我心中有二種念慮相鬭。例如圖一身安佚的觀念，和爲君父盡力的觀念，同時並起，結果竟舍前者而取後者。這是因當行的觀念較強的緣故。此時有制斷的觀念含在裏面，所以忠孝並成爲義，出現於我心中。但制斷又是什麼東西呢？這必由於我自己所爲，是不必說的了；可是所以制斷，是否畏外部的權威如墨子所謂天鬼的命令或制裁呢，還是由自己所命令呢？若說畏外部的權威，那末，也和告子的義外相類了。但義和仁並非二物，仁既在內，義也不能不在內的，便是說不能不想爲由自己所命令的，所以義實含有自由的觀念。但是命令於己的又是什麼東西呢？那是前章所言的義便是實踐理性自身的命令；命令的主體和受命令的客體，同是實踐理性，就是孟子所說的

『義內。』這樣看起來，義是和康德所謂無上命令相同的，其內容是仁。惟其是無上命令，所以對於我有絕大的權威，其性很嚴肅。義的意味雖不止一端，但根本的意味，大概是這樣；孔子分用仁義而不併稱的緣故，也由此可見；中庸以親親爲仁，尊賢爲義，孟子併稱仁義，義的根本意味，反而不明了。欲使仁爲道德的軌範，必須着做義；義以仁爲內容，二者相依爲對立的法則時，仁義兩者便從根本義降爲第二義了。

現在依前述的意味解義，『再把君子喻於義』一語來講。此語並非說君子行道，想爲自己或他人得到怎樣的利益，以此爲目的而行動；這是同他知道此事乃人所當行之道，遂排去別種念慮來行此事。但這也非說不考慮結果；因爲須豫先考慮其及於自己以外的結果，那是當然如此的；但是否考慮結果便以此爲動機，卻是別的問題。君子考慮結果，只存於志向中，並不拿來做動機。他的動機在於義。動機論往往以爲動機善就好，有看輕結果的弊病；儒家屬於動機論，卻不看輕結果。前面所說董仲舒的說話，並非不顧結果，只不過不拿結果做目的罷了。

此外，儒家的非功利主義，可從別一方面看出。什麼方面呢？就是儒家的要諦在於自我實現。但關於此點，古今思想各有異同。宋儒以人性爲理，就與自我實現說相異。原來宋儒雖以理爲宇宙的原則，卻不以此說明宇宙的生成，另外又提出一個氣，以此爲宇宙的物質方面的原因。氣是有往來消息動靜屈伸的；但此種種動作，不是無規律無法則的，必有自然的法則。此法則就是理，理具於氣中，是超越於氣的實在，但此外，對於理氣的關係還有不明瞭之點。等到說人的時候，又變其說。就是說，在於宇宙，理雖完全流行於氣中，氣決不妨害理的流行；在於人，理卻墮在氣中。心是肉體，就是氣，人因有肉體，便有種種欲；肉體內雖則爲理所寓，但有欲妨礙其發現，奪其自由。修養的目的，就在打勝欲的妨礙，使理的發現得以自由。理是先天完全的，後天的修養，不能加一分，但能照本來的樣子發現出來。故宋儒之說，終究在克人欲，復天理，和自我實現說大不相同。

王陽明的致良知說，也和自我實現的思想不相容。最初說良知的是孟子。孟子只說人生而知愛父母敬兄，不學而知的是良知。但陽明借用此『良知』之語，解爲今日所謂良心的意味；他以爲人有知善惡而不過之力，那就是良知。良知是先天所備完完全全的，不容後天的發達。但人多自己妨礙其良知的作用，所以無論什麽時候，都須良知的作用自由，使其判斷常爲最上的權威，便可成完全的人格。此所謂致良知說，也和自我實現說大有差別。

儒家本來的思想在於性的發達。關於性古來有兩種見解。一和宋儒指所謂人欲、物欲、私欲為性，相同就是節性說（見尚書召誥）；二以道德的可能性為性，就是彌性說（見詩卷阿。）前者荀子取之，後者子思、孟子取之。前者之性，孟子雖亦認之，但以為君子不謂之性。荀子在說明人所以能達聖人的禮法時，也不得不行人有知仁義法正又能為之之質素；他也認後者之性。孔子平常關於性不多言，但由儒家不以人欲為性的一面解，他認道德的可能性是無疑的了。此可能性，孟子最說得分明，乃是直覺的作用，能擴充發達，便成仁義禮智之德。這便是自我實現說。孔子所謂仁，含有成己成物（見於中庸）二方面：成物在後，成己在前。成己須智情意三者圓滿調和的發達，才能實現，也是自我實現說。既然以自我現為理想，還能算是功利主義嗎？

此後再說孔子的所謂仁和功利思想不相容。

仁列於周禮所謂『鄉三物』便是國民教育三大科目中之一，就是『六德』，其他亦時見於詩，原不是很重要之德。到了孔子才把仁看做一貫之道。『一貫』之語見於論語，告曾子時和告子貫時，都曾說過。或說由文氣上及由曾子子貢的爲人看，告曾子時是以行言，告子貢時是以知言。又關於一、有一理、誠、專等說；關於貫有穿、習等說。其實還是物徂徠以仁爲一貫之道，解得不錯。就是說，仁是一貫孔子之教的根本原則，凡德皆本於仁，皆歸於仁。又仁從一方面看是道；從別一方面看是德。物徂徠分道德爲二：以仁智爲德；以義禮爲道；實在是錯的。在孔子以前稱六藝爲通藝，通六藝的人叫做儒或稱能者；此外，又別立六德六行之目，通此者叫做師又稱賢者；分道德爲二等到孔子立教，已經合道德爲一了。就是以仁看做道和德。

關於仁，從來有許多解釋，而宋儒對於漢唐學者以愛說仁不滿意，想離愛說仁，因此更生出種種解釋。譬如朱子也知不能全然離愛說仁，偏要避開以愛說仁，只說是心之德、愛之理；物徂徠說是安民長人之德等，異說甚多。原來宋儒想使仁高尚，所以這樣說；其實高尚與否，並不關乎以愛說或不以愛說。但宋儒因其哲學思想的關係，不得不於仁愛之間別立體用性情之別，不能以愛說仁。其實離愛是到底不能說仁的。又宋儒以孔子未嘗說仁之體，只說仁之方或仁之用，其實由孔子之言，也可明知仁是什麼東西。原來仁是天的德具於人心的。儒教理想中的天人合一所以可能，他的根據就在仁。具於人心的仁，是一種可能性合知情意三者的東西，其作用呈露出來的，是愛情和同情相結合的情，在最初發生時甚是薄弱，不加培養，不能完全發達。而其發達，一面要知的發達，一面要意的發達。所以知情意的圓滿調和的發達，乃是仁的發達的必要條件。中庸以知仁勇並說，這其中的仁便是宋儒所謂偏言（即相對）的仁。知仁勇三者完全調和的發達的性態，中庸叫做誠，叫做仁，兩個不同的名稱，其實還是一物；因爲見地不同，所以一物二名。原來誠是就一人格的統一徹底的方面言，中庸以知情意乃本來調和的。此調和的物最初潛存的時候叫做中，等到漸漸現實出現於各個的情形時叫做和；和完全實現了叫做『致中和』，也便是誠。誠是人格統一的意味，仁是由知情意調和發達而自我完全實現人格完全發達的名稱，是附於『成己』的名詞。但成己還不能便算做仁，成己還沒有達於仁的極致，成己之後，須再去成人，使天下的人皆完全其人格。孔子五十歲知道德具於其身，悟到天要使他明道於天下，爲生民致太平，所以具道德於其身；就是所謂『知天命』了。他因此努力行道，等到晚年知道之不能行，乃修經以明道於後世。成人的理想能否實現，雖大概不由個人的努力如何而定，須依左右個人意志的時勢及其他事情而定，但還須盡最善的努力，這就是仁者之事了。孔子周遊天下，使子貢告訴荷篠丈人的語中，也說『道之不行也，我知之矣。』明知道的不行，還不惜努力，便是仁者之心了。這難道是功利主義者所能知的嗎？孔子又說『仁者先難而後獲，』這也是後結果而先行道的仁者之心，這是功利主義者所不能想到的。

孔子言仁時也有先結果的，如論語上評管仲，因他功業及於生民的結果，便許他仁的是了。這是因評人和自處有以結果和以動機的差別。這種差別很有意味。後來的學者專以義評人，常常論其出處進退是否合於義；或論其心術是否合於義；孔子卻有以其人行爲的結果論仁，這是仁厚之心所使然。評人必就其動機而論，勢必揣摩人心，流於刻薄，故嚴於自責，寬於待人的仁人，不專以動機論人的心事，反就其行爲的結果及於衆人的明白事實主論。

自從功利思想得勢後，到了今日，感其弊者已經不少。這不但在理想低下的精神方面爲然，便是以實利實益爲主的方面，也痛感其弊，所以若能明儒教之道，以正義主義救其弊，正是對症好藥呢！

第三　儒教與主觀主義

儒教本不是純粹的形而上學，所論大概屬於倫理，政治，教育。所以有許多哲學上的問題，儒教中都沒有討論過。譬如實在論本是哲學上的重大問題，儒家多不論及；認識論儒家也不大說起。但儒家主要的議論，雖然不在此等問題，也非全然無關係。現在且把儒家對於哲學中主觀主義把怎樣的見解來說一說。主觀主義另外還可分成若干主義，那是由於所觀的主觀本體不同的緣故。現在只是取其有關係的來說。

主觀有個人的和超個人的不同，現在先就個人的主觀來討論，第一先說明儒家的心的概念。譬如心是否自由，儒家對於這個問題抱怎樣的見解呢？從來討論的人很多，都是認為自由的。從正面論心的自由的是荀子。他在解蔽篇主張心是發命的，不是受命的；自禁的，不是被禁的。他以禮法為道，以為禮法乃聖人所作，以此矯拂人的性情，使本質為惡的人行善，完全主張道德他律主義。其實一方以道德為人性中所不存；一方又認心的自由，那末，關於道德法則，怎樣能拘束人心，全然不能說明。既然舉行道德與否，全然須由各人自決，那末，聖人雖制禮法，治理之效，還是不能必的了。於是荀子又辯道要求自己所無是人情：寒故求暖，飢渴故求飲食，人性本惡故求善，所以道德法則人必能遵守。其實荀子此說含有大誤。原來性和飢渴寒熱之情不同，性不在補充不足，乃在矯正自己。他忽視此等差別，確是大謬。這是論理上誤其類例的過失，不消再加說明。荀子也知其說不完全，於是又說人有知仁義法正之質，以助其性惡說的漏洞，又說雖桀紂不能奪人的好義心，承認由心的自由以遵道德法制。

孟子說不動心的時候曾說『氣壹則動志，』好像是說心不一定自立自由的。但由孟子自己的說明來看，他說人在走路的時候，遇物蹶到，其勢必向前趨。這不是心裏要趨，是一種勢，乃是氣所使然。但那時必覺心悸，便是動心了。這不過舉一個例，其實喜怒時言動異平日，也是氣壹則動志。但孟子只認氣專一要動志，並非說志常爲氣所動而不自主自由。孟子以爲仁義不是由外面來附於人，乃是人性所固有的；人對於仁義，是由仁義而行，並不是去行仁義；所以他主張自律主義，他所以和中庸的性道說一致，闡明儒教思想，實和心的自由自主相待，才有意味。孟子又說：耳目之官不思，外物來便把他引去，不認耳目的自主自由；一面又說：心之官則思，主張心的自主自由。又其『放心』、『存心』之說，也和心的自主自由大有關係。

宋儒甚重心性。心性之論，很是精微。關於心也分爲體和用的區別，或用禮記樂記篇『寂然不動，感而遂通天下之故』等句，以爲寂然不動是心的體，感而通天下之故是心的用；或以心的體爲虛靈，心的用爲知覺；或以爲心的體虛靈不昧具有衆理，心之用應付萬事：其說不一。但或說體用一源顯微無間，或說用卽體的用，出於體的自然，不爲外物所制，那是大概相同的，就是自由說。心有時也許爲物欲所制，不能便由此否定心的自由。心的爲物欲所制，是由其不虛的緣故；心若眞虛，決不爲物欲所制，常常自由。虛是什麼呢？這是孔孟所沒有說過的，乃宋儒的常套語，實在是矛盾的思想。前面所說虛靈的字面，宋儒言惟虛故能靈；但虛若是無物空虛的意思，那末，又何以能靈，這卻難以索解呢！又如朱子所說『虛靈不昧，具衆理，』其中也分明含有矛盾。程伊川說：『有主則虛，無主則實，』也含有矛盾；而無主則實，朱子也說不妥。現在且把朱子所說伊川的所謂虛實的意味來敍一敍。朱子說中有主，外邪不能入，便是虛；中有主，理義甚實，便是實。原來虛是以無物欲、邪念言，實是以本然的天理的實言。無物欲邪念，故天理實；天理實，故物欲邪念虛，虛實是互相表裏的。所說虛靈的虛，是就物欲邪念不妨害天理的發現時立言，這樣看，虛就靈了。虛靈故心常能照本來面目活現，不論何物，都不能妨害他心的全體都活動應於事，通於故，沒有不中於理，這就是自由的活現。程朱的重『究理』『實踐』『居敬』，陸象山的精神收斂，皆所以求心的完全自由活現；王陽明的致良知說，亦最重心的自由活現。從來關於自由問題，雖沒有從正面論到，其實是沒有不重自由的。

次論心的作用。孟子說：『心之官則思』，乃專以思慮爲心的作用。又說口之於味，耳之於聲，目之於色，衆人有同嗜同悅，至於心何獨不同？心之所同然是理和義，理義乃人心所同悅。他的意思也是這樣。此外他引孔子『操則存，舍則亡，出入無時，莫知其鄉』之語，接着說『惟心之謂與』，這時所說的心，也專以思言。

宋儒以心爲理，亦專以思觀心；然宋儒又把心看得比思廣，譬如朱子以張橫渠『心統性情』一語爲千古名言，就是以爲心含情的了。性情是什麼東西呢？朱子以心性共爲理，既然是同一不二的東西，何以又分爲二呢？心性既然共爲理，又何以相異呢？朱子以爲心是心臟內的空洞，理便寓於此處；其實爲理所寓之心和爲理的本體的心全然不同，但朱子說心之理，乃惟一之理(reason)；性乃仁義禮智信五常之禮(reasons)。此處很有難解之處，現在且不要論。情是性的作用，便是孟子所說怵惕惻隱之情；若依體用一源說，性情也該是一源的，但統性情的心有怎樣的意味，甚是難解。而且情不但是五常之理的作用，禮記禮運篇喜怒哀樂愛惡欲叫做七情，凡情都是由一種不學而能的東西就是本能隨直覺而起的。其實這種七情也是性的作用了，但宋儒以爲欲不是性的作用，是由氣發出的。但同是情，或爲性的作用而統於心；或出於氣而不統於心；也很難解。宋儒因理氣之說，不得不說七情不屬於心，其實是不通的。不但七情，便是樂記所說物至而知然後好惡生，好惡生而欲起，其中知覺好惡都和欲有密接關係。就算不是孟子所說思的作用，也不可依宋儒理氣說認他屬於氣。此外，如禮運篇也以欲惡爲心的大端，大學所載曾子之語有：『心不在焉，視而不見，聽而不聞，食而不知其味』等句，也以知覺、好惡、欲爲心的作用。但他們何以有這種矛盾思想呢？這大概是由於把心用作廣狹二義的緣故。孟子所說的思，宋儒所說的理，是指狹義的心；以知覺、好惡、欲爲心的作用，是把心用作廣義的。左傳載鄭子產之說，以爲知覺運動等作用，乃附於人體的魄所營思慮等乃附人體中的氣的魂所營。他們都用心的語，但因用法有廣狹的分別，往往使人誤會。總而言之，以廣義言，凡知情意都是心的作用，以狹義言，乃以實踐理性爲心。

但儒家在心情中的觀察，以何者爲主呢！其最顯著的，是以知觀心的方面。由這一點說，儒家確可稱得主知主義。知有兩種意義：一是知覺和知識記憶的意思，一是理性實卽實踐理性的意思。其實這不但儒家如此。管子所說：『心者知之舍也，』以及老莊等，都以知觀心。但哲學上有以知覺爲主的主知主義和以理性爲主的，儒家屬於後者。又哲學上主知主義有個人的和超個人的分別，儒家除宋儒以所說之理爲天理乃超個人的以外，其餘都在個人的見地。又哲學上的主知主義，關於實在認識等問題，各有各說，但儒家對於這類問題，卻不大討論。儒家的主知主義，是專關於倫理問題的。此方面最顯著的現象，是儒家重學，這也是儒家和老莊相異的一點。論語二十篇，從學而篇爲首各篇中言學之處不少，就爲孔子重學的緣故。但這不獨孔子爲然，孔子前後都是這樣。但老子說『爲學日損，爲道日益，』絕對反對學。

原來老子的主義，在於順自然。他以爲自然雖柔弱，但無論何物，不能反自然；就令人能一時反抗自然，永久的勝利還歸於自然，人爲終不能勝自然，他主張順自然而以柔弱自期。要順自然，第一須知自然。人有感寒取暖，感熱就涼，飢思食，渴思飲等動物的自然之欲。但人想超自然的範圍，擴張其欲；豈知止於自然的範圍，乃是知自然的要義。其次，人所知優於禽獸，欲亦多於禽獸，因此，常以其知觀事物，隨自己所好惡以定事物的價値。於是不把世界看爲一定，卻把他看做必須這樣，想以己律世界：這是大反於自然的。其實，一切事物都須依他們的原樣子去看。這是知自然的第二要事。老子以學是人用自己律世界所生的知識，乃是使人反於自然而入於人爲的第一步，他極力反對之。

老子的理想，要使人柔弱如嬰兒；學是以成人爲理想，在於益人的知，強人的志，使其剛強，正和老子的理想相反。老子排斥『爲學』，主張『爲道』，就爲這個原因。此外，諸子對於學，也都沒有儒家那般重視的。儒家所說的學，就是成己、成物之學，也便是倫理、政治、教育之學。但若以仁義爲人性所固有，人察其性，便可知仁義行仁義了，又何必爲學才能知呢？這樣的思想，是自然要發生的，所以陸象山以爲萬物皆備於我心，一心明，萬理都可明，沒有學問的必要。但宋代哲學有心卽理，完全之理都備於我心的前提，所以象山之說得以成立；宋以前卻沒有這種思想。孔孟的思想只在可能性的發達，雖說仁義在於人性，也只是可能性的存在的意味，故以爲無論如何察自性，終不完全知仁義，必須學問，然後能發達其已存的。唐朝李翺有復性說，以爲性是本來明本來善的，但有情暗其明蔽其善，去情則性的本來光明復發。想去情，只須悟到心是本來無動的便好了；能悟此事，任心的動，性的光明自然赫赫。這是假道佛之說來說性的。依此說，學問不但非必要，是反有害了；李翺欲由詩書禮樂以復性，其立場正和儒家相反。陸象山不認學問的必要，原有種種理由，但他也非絕對排斥學問。他說六經都是我心的注脚，那末，不依注脚能讀本文的人，雖無學問的必要，若不用注脚不能讀本文的人，就不妨去學問了。王陽明之學，不以學問爲絕對必要，也不以爲絕對有害；有害沒有害，不在學問本身，只在學者自身的態度。和陸王相反絕對主張學問的必要的，是程伊川朱子一派。他們以爲理本具於人，想明理，須積究理的工夫。究理有兩方面：一在研究發於事物上的天理；一在就人事研究其理。原來程朱以心爲理，以性爲五常之理，孝弟等屬於仁義的發現，不是性中之物。而且實行孝弟，須隨各人的境遇爲定，使仁義發現於其中，境遇自然是不具於性中，存於心性之外的。所以不論怎樣省察其心性，但對於各種事情境遇該怎樣行動纔能使仁義完全發現，還不能知。要知此事，必須學聖人之教，又由歷史考究古人行事的得失。這就是學問絕對必要的緣故了。陸王一派非難他以心究心外之理，但程朱派，如陸象山所言乃奉中庸謂『道問學』的主義，確是忠實於儒家的本來主義的。

程朱派，如前所述，是重學問重知識的，但同時又主張反躬實踐和主一居敬。主一居敬，和陸象山以收斂精神爲見心明理的惟一手段相似，是防止心的馳向外面想把他收於內的。這是出於精神統一的目的，其方法爲靜坐，也和陸象山相同。反躬實踐，是由究理的方法以實行所知。至於這兩事都以意志爲主，是不消說的了，所以也是一種主意主義（voluntarism）。但主意主義，不但宋儒爲然，其實，通古今的儒家都是這般。這一點也和老莊相反。老莊是絕對否定意志的。老子的所謂道，從一面觀是渾沌的實在，從別一面觀只是自然理法。萬物都由道而生，但其間全無什麼意志作用和計畫。道家不惟對於萬物生成的時候不認意志作用，就如儒家以天爲萬物和人的主宰，認天爲人格的實在等思想，他也沒有；他以爲道總是非人格的，非宇宙的主宰，只是自然理法。道所以柔弱，也在於此。他既然把道看做這樣，那末他主張體道順自然，否定意志，這是自然的結果了。

儒家的理想，取於天道的剛健，故以養成鞏固的意志爲目的。仁的爲德，從一方面觀，自然和義的嚴肅果斷相反，具有溫厚柔和的氣象的；但孔子也說『剛毅木訥近仁，』曾子說士以仁爲己任不可不剛毅，而且仁必須完全的調和統一知仁勇，才得完全，可見也決非專於溫柔的。又從中庸所說『力行近乎仁，』也可見仁和意志的關係。中庸又說『誠之者，擇善而固執之者也，』這是說次於『自誠明』的聖人者，做『自明誠』的工夫，就是說知善而擇之，固執不失，到底可入於誠的境界的。也便是以意志的執持力爲致誠的一要因了。儒家的重意志，由此可見。

但論語上所載『子絕四，』其中有『毋意』之語，似乎否定意志，其實，卻和此處不相干，那裏頭所說的意字，是說以自己的意思判斷事理，哲學上的主意主義，論到個人的意志，常以爲是絕對的權威，常由『我欲』以判斷一切事理，但孔子卻沒有這樣的意思。

又君子常持一種無抵抗主義，雖然不至像基督所說：人家打我右頰，可再請他打左頰，但人以橫暴相加，也不去抵抗，這就是所謂寬柔主義，好像和主張意志者不和。但細考其所以不抵抗，也有道理。原來人的加暴於我，必有其原因，我只宜努力去其原因，那裏還有閒工夫和他抵抗呢！若是在我並無何等原因，他還要加暴於我，那末，他只是暴人，我也不足把他當敵人。故無論怎樣，總不抵抗。但君子也不是絕對無抵抗，仁人君子有赫然大怒的時候，不過非爲私而怒，乃爲公而怒，爲義而怒；所以決不是專以無抵抗爲主義的。又宋儒思想中，好像也有和主意主義根本相反的，這是由於宋儒從靜的一方面觀心性的本體的緣故。

孟荀二子的性說，表面雖然相反，但都由情觀性。他們都不直接從性的本體立論，乃就其發爲情時加以觀察考究，然後溯源於性，下以判斷。原來關於性而起作用的就是情；若以情爲動，便以性爲靜了。但性若常靜，又怎樣能生情，所以孟荀並不就動靜立言。自從禮記樂記篇以人生而靜爲天之性，感而動爲性之欲，後儒才以動靜觀性情。又孟荀二子之說，都以性情爲一致。孟子以爲情善故性善，荀子以爲情惡故性惡。到了漢朝才有性善情惡的思想；唐朝李翺便全由此思想立其復性說；宋儒又稍加變更，創性善欲惡之說；王陽明又立心善意惡之說。善惡說和動靜說很有關係，就是說，性本是靜的，原無不善，等到動而爲情便有惡了。但善惡本爲稱動的名詞；若是靜便不能附以善惡之名了。故朱子以爲性無善無惡，王陽明對於心也抱相同的意見。但朱子以爲無善便是至善，以此說性，其實在論理學上是不能維持的。總而言之，既然以靜的性爲善，就必以斥動取靜爲理想；若再極端主張便成爲寂靜主義(quietism)了。但最有走於此極端的傾向的李翶，卻先否定情，而以任情使性恢復本來面目爲理想，已由禪的影響陷於寂靜主義了。惟宋明儒者都不至流於寂靜主義，雖有和主意主義相反的思想，卻不棄主意主義。又哲學上也有想用超個人的意志解決實在問題，把宇宙看做超個人的意志之顯現的。但儒家沒有這一類的思想，所以現在不論。

近時專從生命方面去看主觀而別成一家之說的，以柏格森的創造進化說爲最新。或說儒家以氣爲永久不盡的生命，以萬物生成爲氣的作用，又關於個人生活要求不斷的奮鬬努力以達最終的理想，都和柏格森的思想相近；但只是皮相的見解。程伊川所說『心要活』，頗有意味，好像可看做生命主義的根本，可是事實決非這樣。據朱子說，活是死活的活，對於死而成意味。死是人欲的得勢，活是天理的周流無窮。若照此說，『心要活』只是克人欲伸天理的發現自由的理想罷了，和生命主觀的思想相離還很遠呢！

哲學大概從知識或是意志的一方面去看主觀，成立其說，儒家卻不偏於主知或主意的一方，乃兼二面以成其說。故不免不徹底之譏，而其不徹底的地方，反可發見中正的長處。現代思想界，主義(isms)之爭很盛，都想以一偏的眞理律事理的全體，雖然言之成理，若細加考察，便知其終是小成之道。儒家說所以穩健，正在其無執一之弊；不徹底正是他的長處。

第四　儒教與個人主義

個人主義，本非近代文明的產物，不可名現代思想；而且現代又有團體主義（collectivism）和共同責任主義（principle of solidarity）等起來，和個人主義對抗，足以矯正其弊端，但個人主義在近代依然還有勢力，所以這裏又把儒家有沒有個人主義的思想來論。原來誰都知道中國國民取個人主義，而且很是利己的，但這是否由於儒家的影響，必須探討一番。照許多事例看起來，中國原有家族制度，團體生活，共同責任制的存在，但再從裏面去考察，其中卻含有個人主義的又利己的思想，這是出於儒家的影響嗎？現在且從家族制度等，加以實際的觀察。

中國的家族制度，從古以來有一貫的原則，就是說，家是可分的。譬如有男子四人，除嫡長子承父後外，其餘三人都獨立成家，這樣家就分爲四了；四家的主人，如其各有男子，又分爲各家；以後每世都是這樣。但要分家，必須分割財產，所以家產不可分割的時候，便不可分家。這是一種例外，原則上總是可分的。

周以前的制度習慣，現在不可考了。周以後的制度習慣，是明立於可分的原則上面的。以後唐律不用說，便是明清律，也都立於同原則上面。以家的分立爲原則，實在足以促起綜合的家族制度的宗法發生，必定有了此法，才能綜合事實上分裂的同祖的子孫，維持所謂家族制度。若無宗法，中國的家，也和現今歐美諸國的家差不多了。中國律令現存的，以唐律爲最古，唐以前的制度，難知其詳細；儀禮也無可分的明文，而五世同堂九世同堂等事，見於正史的不少；因此很有人疑心古來是以不可分爲原則，後來才變成以可分爲原則的。但考周代住宅的實際，其間確有可分的意味。原來中國一棟的建造物，只有三四間房室，所以家族人數多時，棟數也自然多了。周代士以上的住宅，四周有牆，名爲宮，中央有正寢和廟；正寢後面有主人的燕寢和妻妾子女的寢，各成一個小宮。女子長大許嫁於人的時候，別在邸內作小宮，使他居住；男子長大娶妻時，也是這般。照理想，父母的宮，須在邸內中央，子女的宮在其周圍。但男子娶妻後，怎樣必須異宮呢？這是因娶了妻子，不得不正夫婦之道；將來生了子女，又不得不正父子之道；爲了各子其子，各父其父，所以衆兄弟不可同居。此時父子雖然異宮，財產卻不分割；但實際，分立之勢已成，只以父尚在世，衆子須統於父，所以相依爲一家罷了。父死後衆子相分，那是自然之勢。儀禮雖無可分的明文，但以可分爲原則，很可從這種情勢看出來。正史記五世同堂等實例，乃是理想不是原則，所謂特別大書之例，並非常書之例。同居有兩種情形：一種是同居同爨，是共有財產的；一種是同居異爨，是分別財產的。前者乃眞理想的。其次足證古時以可分爲原則的，是中國的相續法古來不注重財產相續之事；關於相續最重要的在於正體和傳重。體是血統，重是祖先的祭祀。正體以嫡嫡相承，就是家必傳於嫡長子爲原則。這兩件事乃相續的唯一意義，財產相續卻不成問題。這樣的情形難道不是和家的可分有大關係的嗎！最後由宗法的發達可知其確是家的可分的結果。關於宗法，或說只有諸侯之子爲大夫下於臣籍時才有其實，決不這樣，天子之子而諸侯時以及一般士大夫間都有。而且此法在周代已經完成，可見其發生還在周代以前。又周末戰國，兄弟分財別家已成一般習慣，是可分的原則行於古代，更無可疑了。

宗法是怎樣的呢？這是在同祖子孫所成的各家中，就其承始祖後者立爲宗，使統其他諸家；爲了便於統括，立有諸種制度。(一)宗家主人有祀祖先的權利，族人全體有助祭祀的義務。(二)一般親族法，五世以後便無相互服喪的義務；但宗法凡族人相互的服喪義務，從於一般法，對於宗家卻設除外例，不論世代怎樣遠，族人對於宗家的主人、主婦及主人的母，一律須服齊衰三月的喪。(三)一般親族法，凡親族關係旣絕之後，不妨通婚，但在統於宗家的一族間，就是同族間卻絕對禁止通婚。(四)宗家的主人及主婦，一年一次或數次會族人的男女爲饗燕。(五)族人遇身分的變動及其他一身一家的重大事項，必須報告於宗家。此外，宗家對於族人經濟上的補助義務，似乎沒有特別的規定。後世因族人不必在於一地，對於上述諸項，雖不能一一遵守，但同宗的服喪義務、通婚的禁止、結婚生子等，凡須登錄於家譜的事項的報告等，依然流行；又如現在新聞紙上所登修輯家譜的報告，也屢屢看見。原始制度，雖不免略有破壞，但宗法的大體依然存在。所以中國的家族制度，由其以可分爲原則去看，其根柢含有個人主義的要素，是不可否定的了。

父有家長權，乃中國古來的制度，所以孝道，非但是對於父的道，實含有對於家長之道。家長在內對於家人有絕對的命令權，在外對於社會國家，關於家人行爲的善惡，須負責任，故家人犯法抵罪，家長須連帶負責。漢儒的所謂三綱，雖只是人倫三大綱的意味，但就各綱而言，乃君爲臣綱，父爲子綱，夫爲婦綱，這樣說時，是父以身率子，以家長爲一家儀表，家人有不善不法，自然不能免責了。太古之事現在已經不明白了，後世有連坐之法，家長犯法遭刑，家人連坐，甚至有誅九族的。這是以家爲一單位，出於一種聯帶責任主義。後來連坐之法廢除，非常的情形外，刑止及於本人一身，這也可見個人主義的得勢了。

聯帶責任主義，不但行於家，也適用於地方行政上。周代井田法，已經採用此法。井田制，現在沒有工夫詳說，但其精神，總不外乎土地的共同利用，故其實行，必須取一地方人民的聯帶責任。孟子論井田時說到人民相互的協力，其實就是說明此責任。關於土地利用的大體事項，自然須遵守國家所規定的條件，服從國家的監督；但國家於其規定的範圍內，許地方人民自治之處也不少，例如穀類的種類，耕耘的方法，都可由各地方的便宜規定，一地方人民，對於這種規定，有服從的義務，不許個人的自由。關於地方安寧秩序的維持，屬於一地方人民的聯帶責任的，例如各地方人民，須互相警戒，務使本處不出盜賊和其他罪人；若有盜賊從他處攔入，須協力從事緝捕。凡享有土地利用的權利的，都須負此義務，這就是一種力征，後世名爲役。爲使地方不出破壞社會安寧秩序的人，平時有施教育的必要，所以國家以所謂鄉三物教育一般人民；又利用各種情形，表示其實行的範圍，與以實行的機會；此外，又使地方團體之長，例如國家的命官，或是地方的公吏，以時會民讀法，務使人民不至因不知法而犯法；若有犯輕罪不及五刑的，那末可應於情狀，在一定期間，繫於圜土（即牢獄）使爲苦役；期滿，可由地方人民任監督之職，暫行保釋。此外，地方團體的生活中最顯著的是社祭。社是以土地爲神而祭之。土地的祭有兩種。一是祭那載人類的大地，乃是天子及諸侯的特權。二是祭那生五穀養人的土地，就是社，自天子到庶民都可祭。但社又有兩種：一是天子和諸侯爲人民所立的社，一是祭籍田的社。大夫以下不許各自立社，但可相集爲社，故人民的社是一地方的人民共同設置維持的，祭祀時，一地方的人民都須出而從事，社實是一地方人民的共同生活的中心。社之以地方稱的，往往見於周代的書，但以社爲中心的地方的大小廣狹，也不一定。後世社廢了，以城隍廟代之。凡府縣州廳的所在地，都以濠圍繞，故稱大地爲城隍；又以其土地爲神而祭之，名爲城隍神。古時的社，只有天子和諸侯爲人民所立的國社，爲已所立的社，以及大夫人民共同設置維持的社，總共三種；後世城隍廟卻隨地方行政區畫的階級，分爲幾多階級。但無論是社或是城隍廟，都無日本國的氏神的性質。因此，古代人民生活上多有聯帶責任的組織。等到周末，井田的法漸廢，私有土地的制度起來，這種組織也被破壞，但國家還努力維持他。商鞅事秦，行變法自強的政策，以破壞井田出名，但他卻行什伍連坐之法，也是其一例了。其法以五家或十家爲一團，使互相警察，不出盜賊及隱匿等事；若有違背，一團都須連坐。其團體範圍的廣狹及責任種類的多少，雖不能和古制相比，但其爲聯帶責任制卻相同。到了漢代，地方有所謂三老五更的耆老，使維持一地方的善良風俗，不出紊亂社會安寧秩序的人，也是古制的遺意。此制及周代地方團體之長會民讀法的制，後世以鄉約宣講之名施行，這便是所謂風教的事業，一直傳到清末。此外如宋代王安石所行的保甲團練之制，也遺傳到清末，不過其間各有變化罷了。近代團練，乃是地方人民的團體，平時置武器習武術，遇有盜賊來襲，則對之執自衞的行動。保甲之制，以一地方一百戶爲一保，以保正爲之長；一保分爲十區，每區十戶，名爲甲，各甲有甲長。甲長調查甲內各戶的人品有無盜賊博徒娼妓或其他惡人以及收容隱匿等情事；保正則負保全之責任。此等制度和風教事業相異。風教是專以教化爲目的，保甲團練則專以治安及風俗警察爲事。但保甲團練，也都是古制的遺意，並非王安石所創。至於訴訟，則以須在風教範圍內了事不煩國家司法權爲理想；故就原則言，凡關於人民權利財產的爭議，須先由負風教責任的地方耆老判決，如有不服，才可訴於官吏。此外，由人民以聯帶責任經營之事還不少。此等團體的生活，聯帶責任的事業，所以能行到近代，就因其是保護各人利益的最良方法。原來中國國家保護人民生命財產的力很微弱，所以人民有執行自衛方法的必要。

而且儒教雖持德治主義，以人君之德爲政治的原動力，以得民心爲保持勢位的惟一原因；所以常懇切地說人君須以人民的利益幸福爲先，以己之利益幸福爲後；但實際上卻如黃宗羲所言，明君賢主很少，其餘的都勞於得天下，佚於治天下，常以人民爲自己幸福之具。又如德治主義雖和法治主義相反，常說『徒法不可以爲善，』又說『有治人，無治法，』好像是不重法的，其實決不然。德治主義，只以爲徒然靠法難期治平之效，並非法不必要。意思是說無論怎樣的良法，運用的還在人，法是死物，使他有生命而收治平之效的，是人君之德，並非說無法可致治平。但後世儒者往往只知高談性命道德，不留心於法制經濟。中國歷代的法制未嘗不好，保護人民生命財產的方法也未嘗沒有，只是不能爲法治主義者的所主張，法律一成之後，不許人君以自己的意思或便宜出入；以法爲超越人君意志的權威，無論如何都須服從；所以法雖備而不能完全施行。而且違法的不但是人君，便是官吏也得自由出入上下其手；甚至以保護人民生命財產之法去危害人民生命，搜括民財。黃宗羲說『三代以上有法，三代以下無法，』他以爲後世之法，乃私天下的人君，爲一家的利益所制，非爲天下而制，所以不能算做法；又說後世的人君爲天下的大害，其說不免過激，其實有法而無法之效的地方很多，確是不能否定的。雖然屢經革命，制度法律時時變革，但官吏只圖肥私，不顧國利民福之弊，終究不能改，縱有良法善政，一經官吏之手，便弊端百出。王安石的新法，本未必壞，只因由官員施行，便不勝其弊了。但其中的保甲團練的制度，近代使人民自行，利雖不多，卻並沒有大害。又如平準法，春秋時代管仲行之於齊，戰國時代李悝行之於魏，前漢時施行不久，弊端忽生，因此遂廢。到南宋時，朱子取其意稍加變通，任人民自治，果然有利，後人紛紛倣效。那個制度名爲義倉或是社會。這樣說起來，難道官吏獨貪婪，人民都淸廉嗎？其實官吏也從人民出來，並非異種；人民的淸廉者，未必一旦爲官便變成貪婪。這是由官和民利害不一致；在於人民，衆人的利害一致，故一人獨占利益，爲衆人所不許，勢必不能作弊。這樣看起來，除三代井田時代暫且不論外，後世人民以團體主義、聯帶責任主義經營事業，只是因其爲保護人民利益的最善方法。這是出於一種的自利主義，其根柢中還含有個人主義。

又儒家有沒有國家呢，這也須一爲考究。原來家有二義：一是普通所說的家，二是三代時大夫的釆地也叫做家。據第二種意義，家只是小國，故常合國稱國家。後世也有稱天子爲國家的，如晉書陶侃傳『今國家年少』之類的是了。

又所謂國家的觀念本含有國土、國民、主權三要素。但中國屢經易姓革命，主權屢有變更。至於國土，廣狹時有不同，除西域及其四圍外，中國本部十八省之地，歸於全部中國民族的勢力，自有史後已經不少的時代，雖然其間國土的一部分爲異民族所占有，但就大體論，依然是本來的國土。國民自然不都是古時漢民族的子孫，但大部分爲漢民族的苗裔，那是不能否認的。這樣說起來，變易無常的，只是主權者罷了。凡新成主權者的人，都別立新號爲國號；亡者稱勝國或是亡國，或說國亡而山河依然：其實都在主權者和國家當中，認其有密接的關係。若再嚴密說，主權者便是有國者，但不改國土只改主權，故有國者直須和國相聯想起來。至於國土之名，中國人自稱爲中華、中國等，外國稱之爲漢土、唐土等；中國人自稱的，乃以主權者的代名，爲國土的代名。此等事實，都足以妨害國主權者混看。其實如第一章所說，中國人以主權者爲人民而存在，所以把國家看做是自身有目的的實在，是超越個人的實在等等思想的不發達，也不足怪的。

總而言之，中國國民思想中含有個人主義的思想，是不能否認的。但儒家是否本來有這種思想，還是養長助成這種思想呢，也都可成問題。儒家所唱高調的道德仁義之教，確足助成共同生活、共同責任等觀念，卻不含有個人主義的要素，也不養長個人主義。若要強求個人主義的根本，那末，義的某一方面可以當得。如前所述，義的意味不止一端，但前面所說義的概念，都和個人主義全然不相干；不過現在再就其他方面觀察，也有和個人主義相關的。那就是差別的方面。差別是我與人的關係中，我的地位，由於各種情形而變，須一一差別。就是因我和相對的人的不同，我的地位就跟着變化：父是父，子是子，兄是兄，弟是弟，各有相當的地位。因此，隨着我的地位改變，各有當行之道，那便是義。此當行之道，跟着對手變化，故必使人我相對，以明其在怎樣的關係中；而關係既明，又須明那關係人和我的位置的相異。這也是一種差別。要正我當行之道，須尊重對手的人格及其權利；要守我的地位，須尊重自己的人格及權利。凡人必先自侮，然後爲人所侮；必先自賤，然後爲人所賤。所以妄侮人賤人固然不可，但自侮自賤也不能守我的立場，正我當行之道。董仲舒說義之法『在正我』，正我須不失我的立場和我的所守；而要達此目的，必須有對於自己人格及權利的尊重和主張，才是可能。這就是從差別看義的一方面。孔子說義還沒有及到這一方面，孟子說義才有這一方面。孟子說：『人能充無欲害人之心，而仁不可勝用也，』又說：『人能充無穿窬之心，而義不可勝用也，』穿窬雖爲害人的行動，但和『無欲害人之心』對言，便是別種意味。原來不盜他人之物，就由尊重自己而來。孟子又說：『人能充無受爾汝之實，無所往而不爲義也，』爾汝是輕賤的稱呼，受爾汝是受他人輕侮而不以爲恥辱。所謂不受爾汝，分明是以尊重自己人格言了。但在己有受他人輕侮的理由，也不能不受了。所以自己努力使無受他人輕侮的理由，眞能尊重自己，便是義。這樣說起來，孟子以尊重自己人格爲義的一面可見。孟子自己以道自任，以爲我有天爵而不屈於人爵，乃其高尙的人格所使然。但由其高調義的一方面看，正是他所以尊重自己的人格。若從這一方面認義，使他發達了，便可成爲個人主義和權利思想。雖儒家理論上卻不敢爲此種發展；但中國國民思想中卻有個人主義和利己主義存在，惟不和仁結着而和義結着。前章所說後人少言仁多言義，也是由個人主義的方面所使然的。

第五　儒教與平和主義

平和主義，也是歐美近代思想產物中的一種。雖在大戰時暫爲屏息，但戰爭終了後，勢必捲土重來；平和運動必盛行於各方面，那是不難想像的。但在東洋二千年前，已經標榜平和主義了；而且不但在言論上如此，也有爲實際運動的。周末戰國時代，有墨翟宋牼二子的平和運動，便是好例。墨翟由兼愛主義推出平和主義，也便是非攻主義了。但如前所述，墨子的學說是功利的，沒有深遠的哲學的根據，所以其非攻主義，也只是從實利方面主張。據墨子所載，墨子很能忠實於其主張，他想防戰爭於未然，曾經遠從北方到楚國去，阻止其攻宋。韓退之說：『孔席不暇煖，墨突不得黔』莊子也說墨子遊歷諸國，但徵諸墨子所載，除上述一事外，別無防止實際戰爭之運動。墨子和今日極端的平和主義者不同，他是一種武裝平和論者。原來他精於兵技，對於防禦術造詣尤深。據傳說，墨子曾經以木作鳶，放到天空，經過三日還沒有落下來。他以此種技巧爲防禦的研究。他去見楚王，阻其攻宋時，楚王拒絕他，說是軍備已成了。那時有一位以製雲梯出名的魯般，便是後世木匠的祖師，剛在楚國做各種攻擊的器械，一切都整備好了。於是墨子請和魯般比較技術，以其勝敗決定戰否，果然魯般九次攻擊，墨子九次破之，魯般只得輸服了。墨子又對楚王說他有三百個弟子做這種防禦器具，防守宋城，於是楚王也只好息戰了。所以現在墨子書中還有數篇專論防禦技術。

宋牼也作宋鈃，字榮子，他曾創一種學說，鼓吹平和主義。其書現在不傳，其言論只散見於先秦諸子書中，現在把這些議論綜合起來，大概像老子，是從寡欲出發的，至於他所說是否出於老子，那卻無從知道呢！所謂寡欲，不是教人須寡欲，乃是說人的欲本來是寡的，其實，就是以出於生物本能的爲本來之欲。但人誤認欲是本來多的，所以認滿足欲望爲當然之事，那裏知道其妄想本來錯誤呢！所以不知自足，孜孜營求，若能知人情本是少欲的，那便常常自足無他求了。知自足，一切外物便全無價值，因其非我所欲也。所以宋牼說世上的毁譽褒貶，在於我也都無價值：所以人侮我，不足爲侮；人辱我，不足爲辱：這樣，便不會怒了；不怒，戰鬭便無由發生了。而且又不和人爭利，戰爭又怎樣會起來呢？這就是宋牼的平和說，原來也是一種無抵抗主義。凡承老子之說者，都主張順自然以爲生活，所以否定社會的生活，以各人孤立獨行爲理想；宋牼之說若再徹底一點，就可達到同樣的結論。

但老子自己卻不否定社會的生活，他以小範圍中的共同生活爲理想，同時又認此小社會立於一王之下。而且老子屢屢說兵，可見他認現實世界不能去兵，不得已而用兵，乃自然之勢。但宋牼卻倡絕對的平和主義。孟子上載宋牼將到楚國去阻其討宋，在路上碰到孟子，孟子問他怎樣去說二國之君，他答將以戰的不利去說。孟子對他說，你若用利不利去說，那末今天因不利而止戰，明天難免因利而又戰了，你何不用仁義去說呢？其實以戰的不利說本和宋牼之說不合，只是現在無從考究其眞僞，只好暫且把他當個疑案罷了。此外，關於宋牼的平和運動的事實，現在都不得而知。

總而言之，墨翟和宋牼二人的運動，乃是當時風行天下的軍國主義的反動，是無可疑的；可是就中國思想史看，軍國主義只是一時的變態現象，決非由中國思想自然而生的，請述其理由於後。

考中國民族發展之跡，當初就是以文化之力同化其所接觸的人民爲根本方針。中國民族立於不知文字的民族間，獨有文字，又知車的用處。這就是他以其文化比周圍民族爲高而自誇的緣故。有文字足爲文化高超之證，那是無消說得的，但中國人以車乃合木工、金工、革工之力所成，是工藝的上乘；以使其文字和車能一般通用爲理想。所以中庸上和李斯在泰山所建頌始皇功德的碑文上都以『書同文車同軌』之語，說明天下統一的事實。以文化同化周圍的民族，以圖自家的發展，乃中國民族的根本主義，至於武力惟有同化不行時才用他。黃帝和蚩尤戰於涿鹿一事，雖然事屬神話，但中國民族向東方發展時，遇到反抗他不能同化的民族，終以武力征服之，以開東方發展的前途，卻可由此想見。又從此到堯舜之際和三苗繼續衝突，也是向南方發展中所起之事。尙書有『分北三苗』及『竄三苗於三危』之語，可見其結局以武力制勝，但又有舜修文德三苗來服的傳說，也足見其重文了。所以武事早就對於文事在於從屬的又補助的地方；必是文窮而不通時，乃用武通之。故左傳及說文所引楚莊王之語有『止戈爲武』之說。所止的戈，乃是反抗及妨礙文的力，止戈以爲文開道，乃爲武的用。楚莊王又說『夫武、禁暴、戢兵、保大、定功、和衆、豐財者也，』正是說武之用。所以武必用爲手段道具；才有意義效用，但其自身卻無目的。故古來不得已用武，等到文再通時，便不再用武。周武王克殷時，詩經說他『載戢干戈、載櫜弓矢，』尙書武成篇說他『偃武修文，歸馬於華山之陽，放牛於桃林之野，示天下弗服』乃是據史記之文稍加改變的。『偃武，』據僞孔傳，乃是『倒載干戈，包以虎皮，示不用，』若當偃而不偃，便不免窮兵黷武之譏。古來多用兵的君，例如漢武帝唐太宗，都受這樣的譏刺。原來蠻夷猾夏之事，從堯舜以來就有。對此爲受動的用兵則可；若由我進而用兵，或其目的在於杜絕外患，是自衞的一法，非出於侵略的目的，但還不免看爲窮兵黷武呢！你想在這樣思想佔勢力的民族間，那裏會發生軍國主義？何況是侵略的軍國主義呢？「軍國」之語出於左傳，是軍事和國事的意義，並非今日所謂軍國之義。此外，又有以文武爲經緯而稱「文經武緯」，又有「右文」「尚武」等語。所謂經緯，其間確有所軒輊，非是文武並重。尚武或是一時的主義，決非和右文並行；中國的右文主義，乃文偏重主義。所以其國民概流於文弱，便是勇悍強勁的外族，來到中國，也不久化爲文弱；這是歷史所可證的。中國文學上，其議論歌咏戰爭慘禍以鼓吹戰爭的悲觀思想的很多，如唐杜甫的兵車行，李華的弔古戰場文，便是其好例。其實，中國雖也有用武以揚國威之時，但不久威勢又日漸衰弱，苦於外敵的壓迫，甚至國家陷於滅亡，這樣的情形，屢屢遇到，所以國民心中會發生厭戰的思想，原也不足怪的。

在周末戰國時代，以及漢代，有爲之士還有以武立功名的；到了後世，有爲的人材，就都是以文立身，不肯向於武的。自隋以來，科舉已有文武二途，但談到科舉，人都以爲是文科舉；武科舉幾乎爲一般人士所想不到。原來由武科舉出身後來得高位大官的很少，至於武人執國政之事，那是尤其少了；凡為大臣宰相而任國政的差不多全是由文出身的人。而且唐以前文武未分途，往往以文官兼武職，所以武職還不十分受人輕視；自唐宋以後，文武截然分為二途，武官概受文官的節制；明以後又使文官總督巡撫節制武官，莫說平時，便是戰時武官也無財政之權，所以文官常得節制武官；且有謂武官乃是文官的走狗的。照這樣的情形，也難怪有為之士少有志於武了。漢高祖得天下後論開國諸臣的勳勞，以為蕭何張良雖無攻城野戰之力，其功卻優於韓信等之破敵拔壘，可謂早已有重文官的傾向了。俗語說：『好漢不當兵』，也可見輕武之情。再從歷史上去看，凡得天下都由馬上，所以開國之初，兵強武盛，但不久又兵制頹廢，兵又不足用了。歷代都是這樣，這也由重文輕武所致。此外，還有可注意的一事，如春秋戰國間所出的兵家，其理想卻不在戰而制勝，乃在不戰而屈人的兵。孫子以為百戰百勝非善之善，兵之妙在不戰而勝。所謂不戰而勝，自然是指不怠於兵備，但兵備而外要事還很多，如善其國政，謀民心的一致，增殖國家的富養成人材，計算一切事情，使什麼國都不能勝，以形勢禁人不能戰爭罷了。你想以兵為專家的人尚且這樣說，這豈是以戰鬬侵略為主者所能知道呢？孫子外，吳子也有仁義之論。吳子就是吳起，據說他曾從學於孔子門人曾子，所以他也言仁義，其實孫吳二子的言論，也可說是不脫中國思想的範圍。

照前面所說經傳中確無軍國思想了，儒家的平和主義由此已可想見。但儒家還非絕對的平和主義，試看以仁爲理想的孔子還說兵備不可廢便分明了。子路問政於孔子，孔子答說：『足食，足兵，民信之矣，』就是說第一在使民衣食無虞，安定其生活，孟子所說王道和仁政只是着重這一點。孟子生當戰國用武時代，見那時以縱橫策農業經濟政策攻伐侵略等遊說諸侯的很多，諸侯也經心於此等政策，因此高倡仁義以反對之，甚至說若以仁義治國教民，便是以杖爲兵器，也可敵秦楚的堅甲利兵的；但孔子沒有這樣極端之論。衛靈公問陳，孔子辭以未學，原有別種理由存在，並非否定戰爭。他卻說：『以不教民戰是謂棄之，』又說：『善人教民七年，亦可以卽戎矣，』他是認戰爭的不得已而說用民於戰之道。所以他答子路之問，第二便舉兵治民以信爲最重要，所以他最後又舉信。子路又問若在不得已時，三者中該去那一件，孔子答說：『去兵；』又問所餘二者中該先去那一事，孔子答他『去食，』說信終不可去。照此看來，他也非以兵備爲絕對必要，他以爲遇不得已時可以撤廢的。

再就儒家的根本主義來看，其關於政治上的理想是在治國平天下，一言以概括之，就是在於太平。太平之說，本爲漢代公羊學者所主張，據現代中國人所信，乃是一種世界統一主義。但現代中國人也不是以此爲統一今日世界的理想；漢人所說，只是就春秋時言，所謂世界，只在中國民族所生息的範圍中，漢人所接觸的周圍民族並不包含在內；只以去華夷內外之別，出現平等世界爲太平之義。但中國國民若欲高遠的理想，那末擴充太平思想，以成世界統一主義，也很容易了。

但公羊學者所謂太平究竟怎樣才能出現呢？是先由亂世到升平，再由升平到太平；要想撥亂世反之正，以成太平之世，只在明春秋之法，就是說，不可以兵力，只須以道德之力。公羊學者之說，雖只是一種見解，而所謂太平的概念，是完全的道德支配的意味，由於明文，即道德，便可太平。以武力統一天下的思想，不含於太平的概念中。亂的意思，是道不行，文不明，道德失其支配人心之力；要撥亂反正以致治平，除行道明文以外無他法。文行世便治平，世治平，文更完全行。德意志軍國主義者，僅以戰爭爲人類最高道德，和儒家的主義全然相反。老子以爲國亂乃出忠臣，六親不和出孝子；其實，國亂時自然多不忠不孝的人，忠臣孝子只是偶然遇到罷了。要忠孝完全行，自然以國治爲必要條件。戰爭破壞治平的情態，對於道德的完全實現，有害而無利。如前所述，中國屢次受戰爭的虧，也難怪不能容德意志式思想的發生了。惟春秋戰國時代戰爭道德頗發達，列國間也有一種國際道德，其後和外國民族間戰爭，又無道德可言，至於國內戰爭也是公行姦淫、掠奪、殘害等惡事，但還要託名平亂誅賊呢！中國國民畏官兵甚於賊匪。例如岳飛行兵，秋毫不犯民，兵有取民麻一束的便把他正法以肅軍紀，後世傳爲美談；但此事爲正史所特筆大書傳於後世，也可見他人多和此相反了。由這樣的事實和經驗看起來，也難怪中國人不能從道德上稱揚戰爭，只把他看做不得已的惡事了。

中國民族本以和平爲主義，儒家也以和平爲理想，便從國民福利上看也是以平和爲利。這樣中國該是治多亂少了，何以事實上反而亂多治少呢？其實這並不是中國人好亂所使然，是由土地廣闊，人口衆多，交通不便，所以雖然撥前代之亂而反之正，社會的安寧秩序，卻難完全回復，只圖大體復於治平，至於裏面有害治安的分子，便不暇過問；自昔傳來的積弊，不論何代，都不能一掃而空之；治平稍久，在上者已居治忘亂，只貪眼前的安佚，官吏相率舞弊，遂使民不聊生，迫得起來作亂了。

原來治安警察法甚不完全，不論什麼國什麼時代匪徒橫行的機會多；而且民畏官兵甚於盜賊，每遇匪徒起來，不敢報官，團練力量不足防禦時只有賄匪徒以求免害，地方亦多怯懦，每逢匪徒起來，多裝做不知，故匪徒常得橫行，禍亂之機常在。國法雖不盡不善，但非積極的謀國利民福，只是消極的以防害爲美；制度雖屢有改革，但常使官和官相牽制以防權歸於一人；故處事多缺敏活，不便於防小禍亂，這便是亂多治少的理由了。

清朝末年曾經發布關於教育的命令，揭出五大綱以示教育的目的。五個就是忠君、尊孔、尚公、尚武、尚實五事。前二者是中國固有的道德，後三者乃所以矯正中國國民的缺點。但關於尚武，在教育上還沒有特別的施設，忽然遇到了革命。今民國教育家雖然往往有主張軍國主義的教育的，但尚武主義，軍國主義，將來究竟能發達到什麼程度，還完全不能知道呢！